당신을 위한
디도서

TITUS FOR YOU

© Tim Chester/ The Good Book Company, 2014, Reprinted 2017
Originally Published in English under the title: *Titus For You*
Published by The Good Book Company, Blenheim House, 1 Blenheim Road, Epsom,
KT19 9AP, UK
All rights reserved.

Korean translation edition © 2019 by Duranno Ministry
38, Seobinggo-ro 65-gil, Yongsan-gu, Seoul, Republic of Korea

This Korean edition published by arrangement with The Good Book Company.

당신을 위한 디도서

지은이 | 팀 체스터
옮긴이 | 김주성
초판 발행 | 2019. 12. 18
등록번호 | 제1988-000080호
등록된 곳 | 서울시 용산구 서빙고로65길 38
발행처 | 사단법인 두란노서원
영업부 | 2078-3333 FAX | 080-749-3705
출판부 | 2078-3332

책값은 뒤표지에 있습니다.
ISBN 978-89-531-3658-8 04230
　　　978-89-531-3581-9 (세트)

독자의 의견을 기다립니다.
tpress@duranno.com　www.duranno.com

두란노서원은 바울 사도가 3차 전도 여행 때 에베소에서 성령 받은 제자들을 따로 세워 하나님의 말씀으로 양육하던 장소입니다. 사도행전 19장 8-20절의 정신에 따라 첫째 목회자를 돕는 사역과 평신도를 훈련시키는 사역, 둘째 세계선교™와 문서선교 단행본·잡지 사역, 셋째 예수문화 및 경배와 찬양 사역, 그리고 가정·상담 사역 등을 감당하고 있습니다. 1980년 12월 22일에 창립된 두란노서원은 주님 오실 때까지 이 사역들을 계속할 것입니다.

당신을 위한
디도서

팀 체스터 지음 | 김주성 옮김

두란노

우리를 구원하시되 우리가 행한 바
의로운 행위로 말미암지 아니하고
오직 그의 긍휼하심을 따라 중생의 씻음과
성령의 새롭게 하심으로 하셨나니

Contents

●

그런데 섬에 있는 '디도에게' 보내는 바울의 편지

〈멋진 인생〉은 미국 영화연구소에 의해 미국 100대 영화로 선정되었다. 배우 제임스 스튜어트가 연기한 주인공, 조지 베일리는 한때 전 세계를 두루 다니는 꿈을 꾸었지만, 타인을 위하여 희생하는 삶을 살다보니 평생 작은 마을에서 벗어나지 못하였다.

그는 점점 삶에 지쳤으며, 빈털터리가 되었다. 심지어 아무 잘못도 하지 않았지만, 파산하게 되었다. 절망에 빠진 그는 다리 위로 올라가 삶을 마감하려 했다. 그때 천사가 그의 삶에 개입했다. 천사는 그가 없는 세상이 어떤 모습일지 보여 준다.

그는 자신의 삶이 마을과 세상을 변화시키는 중요한 매개체였다는 것을 알게 된다. 그는 정말로 좋은 삶, 멋진 삶을 살았고, 많은 사람들에게 작지만 결정적인 영향을 미쳤던 것이다.

바울이 디도에게 쓴 편지가 여러모로 이와 같다. 바울은 작지만 결정적인 영향을 미치는 삶의 비전을 제시한다. 그 삶은 영원한 차이를 만든다. 바울은 행복한 삶에 대한 비전을 제시하였다. 그는 하나님의 백성을 위해 하나님께서 부르신 사람이었다. "하나님의 종이요 예수 그리스도의 사도인 나 바울이 사도 된 것은 하나님이 택하신 자들의 믿음과 경건함에 속한 진리의 지식(을 견고하게 하려 함이라)"(1:1).

바울은 진리에 대한 비전을 제시하고, 어떻게 그 진리가 행복한 삶, 거룩한 삶으로 이끄는지를 보여 주려 했다.

진리란 무엇인가? 성경이 이를 다음과 같이 말한다. "영생의 소망을 위함이라 이 영생은 거짓이 없으신 하나님이 영원 전부터 약속하신 것인데 자기 때에 자기의 말씀을 전도로 나타내셨으니 이 전도는 우리 구주 하나님이 명하신 대로 내게 맡기신 것이라"(1:2-3).

복음은 삶을 창조하는 진리다. 그 진리는 생명을 주고, 삶을 변화시킨다. 이처럼 진리는 삶에 있어 매우 중요하다. 디도서 1장에서 바울은 복음을 떠나는 자는 "모든 선한 일을 버리는 자"(1:16)라고 경고한다. 2장에서는 하나님의 은혜가 경건한 삶을 살도록 가르친다고 강조한다(2:11-12). 3장에서는 복음을 강조하며 "조심하여 선한 일을 힘쓰게"(3:8) 하라고 말한다. 복음에서 선한 일이 나오고 복음이 삶을 변화시킨다는 비전을 서로에게 제시하여 하나님을 섬기라고 권면한다.

그 선한 삶은 다른 사람들에게로 흘러가 영향을 미친다. 복음으로 변화된 삶은 "우리 구주 하나님의 교훈을 빛나게" 한다(2:10). 곧, 선한 삶은 선교의 원동력이 된다.

:: 디도서의 배경

바울과 디도가 그레데를 방문한 것은 사도행전에 나오지 않는다. 하지만 디도서 1장 5절을 보면 알 수 있는 사실은 다음과 같다. 분명 그들은 함께 복음을 전했고, 그로 인해 많은 사람들이 구원을 받았다. 그 후에 바울은 다른 곳으로 떠나며 디도를 그곳에 남겨두고 장로를 임명하게 한다. 몇 년이 지난 후(AD 63-65), 바울은 디도에게 격려의 편지를 써서 복음이 교회에, 특히 교회 리더들에게 깊이 스며들게 하라고 말한다.

행복한 삶이 무엇인지를 교회와 다르게 규정하는 세상 문화에서 복음적인 삶을 사는 것은 힘든 과제다. 특히 우리 문화에서는 방송·신문도 믿을 수 없고, 정치가들도 부패했다. 범죄가 만연하는 거칠고 이기적이고 인종차별적 문화이며, 육체노동을 꺼리며, 과식이 일상인 문화다.

그런데 바로 그것이 1세기 그레데의 문화이기도 했다.

"그레데인 중의 어떤 선지자가 말하되 그레데인들은 항상 거짓말쟁이며 악한 짐승이며 배만 위하는 게으름뱅이라 하니"라고 바울이 지적한다(1:12). 이는 그레데의 철학자인 에피메니데스가 말한 것을 바울이 참되다고 증언한 것이다. 에피메니데스는 그레데인들에게 존경을 받았다. 그래서 그레데인들은 그런 판정을 쉽사리 간과하거나 부인할 수 없었다. 1세기 그레데에 대한 이 묘사는 21세기 서구 문화에도 잘 들어맞는다.

그렇다면 그리스도인은 부정직하고 거칠고 이기적인 문화에서 어떻게 살아야 할까? 어떻게 하면 우리가 그런 태도에 물들지 않고 크리스천의 삶을 수 있을까? 이것이 디도서가 다루는 질문들이며, 변화와 진리를 복음이 아닌 다른 곳에서만 찾는 사회 속에서 복음으로 변화된 매일의 삶을 살기 위해 다루게 될 질문들이다.

:: 목회서신 중 하나이다

디도서는 디모데전후서와 더불어 신약에서 바울이 두 제자들에게 쓴 "목회서신" 중 하나다. 혹자는 목회서신이 역동적이었던 사도행전의 교회가 더 질서정연한 교회로 전환된 것을 보여 준다고 말한다. 그들은 초대교회의 열정이 시들고 더 "장성한" 기독교로 대체되었다고 주장한다. 뜨거운 전도의 열정이 시들고 합리적이며 현상유지적인 교회로 대체되었다는 것이다. 그런 주장은 초대교회가 그리스도인의 삶의 모범이라는 개념을 거부한다. 그들은 목회서신이야말로 성숙한 교회 모델이고, 그 모델이 초대교회의 순수한 열정을 능가하여 올바로 확립된 제도라고 주장한다. 또 초대교회의 뜨거운 전도와 매일의 공동체 생활로 돌아가자는 촉구를 무색하게 한다.

그런 주장은 목회서신을 지루한 교회 행정 지침서처럼 보이게 할 수 있다. 설상가상으로 그런 주장은 사도 시대 후의 기독교를 고루하게 보이게 하고, 역동적인 복음의 역사가 아닌 제한된 제도 속에서 행동하라는 말처럼 들린다.

이러한 주장의 진짜 문제는 사도행전이나 디도서가 그렇게 말하지 않는다는 것에 있다. 사도행전을 보면 초대교회도 질서와 조직을 중시했음을 알 수 있다. 사도행전 6장을 보면, 사도들은 교회에 구조와 질서를 정립하였다. 사도들은 하나님의 말씀을 전하는 일에 집중하고 다른 교인들이 교회 안의 가난한 자들을 돌보게 했다. 초대교회 때도 구조는 중요했다. 그러나 그렇다고 해서 전도의 열심을 버리고 구조를 선택한 것은 아니다. 오히려 구조는 열심히 전도하도록 촉진하기 위해 필요했다. 가난한 자를 돌보는 일을 다른 사람들에게 넘긴 이유는 사도들이 "오로지 기도하는 일과 말씀 사역에 힘쓰기" 위함이었다(행 6:4). 그 변화의 결과는 "하나님의 말씀이 점점 왕성하여 예루살렘에 있는 제자의 수가 더 심히 많아지고 허다한 제사장의 무리도 이 도에 복종하니라"였다(행 6:7).

우리는 디도서에서도 같은 노력을 본다. 디도가 교회의 지도자를 임명하려고 그레데에 남은 것은 맞다. 그러나 디도서에 리더십 구조나 제도적 절차에 대한 논의는 없었다. 복음을 교회 생활의 중심으로 삼아 그리스도를 세상에 전하려고 할 뿐이었다. 디도서 1장은 복음 중심을 강조한다. 디도는 거짓 교사들에 맞서기 위하여 복음 중심의 리더들을 임명하였고 그들로 하여금 복음으로 교인들을 격려하고 훈계하게 했다. 2장은 복음이 매일의 삶의 중심이 되어야 한다고 말한다. 매일의 삶은 복음을 실천하고 가르치는 장이다. 3장은 복음이 선교의 중심이 되어야 한다고 말한다. 매일의 삶에서 복음이 중심이 되어 세상을 전도해야 한다.

사도행전은 복음 선교를 계속하는 조직을 가지라고 말한다. 디도서도 마찬가지다. 1세기 신자들은 복음이 삶, 성장, 선교의 중심이 되는 교회를 세우는 데 열정적이었다. 현시대에도 디도서는 우리의 삶과 교회가 그렇게 되도록 영감을 주고 무장시켜 줄 것이다.

Part 1

복음 전파를 위해
남은 일을
완수하라

TITUS
FOR YOU
TIM CHESTER

●

경건함에 속한 진리의 지식

딛 1:1-4

●

나 바울이
… 나의 참 아들 된
디도에게 편지하노니

바울은 허투루 말하는 사람이 아니었다. 그는 디도에게 쓴 편지의 처음부터(1:1-3) 복음의 진리와 복음 사역의 목표를 제시한다. 4절에서 바울은 자신이 디도서의 저자임을 밝힌다. 디도는 바울이 그레데에 남겨둔 젊은 동역자이고, 과거에도 바울의 선교와 사역에 함께했었다(갈 2:1-3, 고후 7:13-16, 8:16-21 참조). 바울은 디도를 "같은 믿음을 따라 나의 참 아들 된 디도"라고 설명한다(딛 1:4). 1-3절은 그들이 공통으로 가진 믿음, 그들이 공유하는 "은혜와 평화"를 묘사한다.

그런데 바울은 누구인가? "예수 그리스도의 사도"다(1절). "보냄 받았다"는 뜻의 단어 '사도'는 신약에서 두 가지 의미로 사용된다. 첫째, 교회 개척자를 말한다. 예를 들어, 바나바가 사도라고 불린다(행 14:14). 그러나 이 단어에 대하여 더 의미심장하고 잘 알려진 것은 예수님을 직접 목격하고 그 간증이 교회의 기반이 된 사람들이다. 즉 그들은 열두 제자(행 1:15-26에서 가룟유다는 맛디아로 대체됨)와 바울이다. 바울은 예수님께서 지상에 계실 때 그분을 개인적으로는 알지 못했지만, 다메섹 도상에서 예수님을 만나 이방인의 사도라는 특별한 부르심을 받았다.

그렇다면 디도서 1장 1절에서 바울은 어떤 의미로 사도라는 용어를 사용했는가? 필시 앞의 두 가지 의미를 모두 사용했다. 고린도전서 9장 1절에서도 바울은 두 가지 의미를 다 겸한다. "내가 자유인이 아니냐 사도가 아니냐 예수 우리 주를 보지 못하였느냐 주 안에서 행한 나의 일이 너희가 아니냐."

왜 바울은 사도라 불리는가? 두 가지 이유다. 바울은 주를 보았고, 고린도교회를 개척했다. 이제 바울은 그레데에 교회를 개척한 사람으로서, 또 교회의 기반이 되는 사도로서 디도에게 편지를 쓴다.

:: 승계 계획

바울은 우선 사도로서 사역의 성격을 설명한다. 중요한 것은 이때 사역이 사도들만의 고유한 사역이라는 점이다. 사도들의 증언은 결코 다른 사람으로 대체될 수 없었다. 왜냐하면 다음 세대는 예수님을 직접 만나지 않았기 때문이다. 사도들의 증언을 통해 신약성경이 완성되었다. 사도들의 구두 증언은 기록된 성경의 증언으로 대체되었다.

그래서 소위 목회서신(디모데전후서, 디도서)은 승계의 문제를 다룬다. 바울은 (에베소와 그레데) 교회를 개척했고 리더를 세워 그 교회들을 돌보게 하였다. 그리고 그 리더들에게 복음 메시지를 전하고 복음을 위해 충성하기를 권면했다. 바울은 디모데와 디도에게 관심을 기울이고 돌보았다. 바울은 왜 그런 것들에 열심을 내었는가? 그의 사역이 끝이 있음을 알았기 때문이다. "나는 선한 싸움을 싸우고 나의 달려갈 길을 마치고 믿음을 지켰으니"(딤후 4:7). 바울은 자신이 했던 개척자 역할을 디모데와 디도가 이어가도록 준비시킨다.

그래서 디도서의 처음 구절들에서 바울은 자신의 사역을 묘사하며 디도, 그레데 교회, 역사 속의 모든 교회들을 위한 모델을 제시한다. 아마도 그것이 바울이 자신을 사도라고 제일 먼저 소개하지 않은 이유일 것이다. 하나님의 종임을 먼저 밝히는 이유는, 사도 역할이 그 당시에만 국한된 것이고 그리스도로부터 받은 특정한 사명이었기 때문이다. 그래서 바울은 자신을 "하나님의 종"(문자적으로 둘로스는 노예)이라고 먼저 말한다. 그러므로 디도서의 사역은 모든 하나님의 종들을 위한 모델이 된다.

바울은 과거와 미래를 보았다. 바울은 자신의 사역을 뒤돌아보며 그 핵심을 파악하였다. 그리고 바울의 뒤를 이을 사람들의 사역을 내다보면서 그들이 따를 방향성을 제시해 주었다. 바울의 이러한 태도가 우리 복음 사역의 핵심이어야 한다.

이처럼 디도서는 우리의 삶과 교회를 재조정할 기회를 준다. 그렇다면 바울이 디도서의 서두에서 제시하는 사역 모델은 무엇인가?

:: 하나님이 택하신 자들의 믿음

바울은 "하나님이 택하신 자들의 믿음"을 위한 사도다(딛 1:1). 이는 "하나님이 택하신 자들의 믿음에 따라"로 번역될 수도 있지만, 그것을 근거로 바울의 사역이 다른 사람들의 믿음에 달려 있다는 말로 해석하기는 어렵다. 그보다는 바울이 자신의 사역 목표에 대해 말하는 것으로 볼 수 있다. 즉 바울은 하나님이 택하신 자들을 구원에 이르는 믿음을 갖게 하려고 노력한다. 바울은 모든 사람에게 복음을 전하면서 하나님이 택하신 자들이 믿음으로 반응할 것이라고 확신했다.

믿음은 사람들을 죽음에서 생명으로 이끈다. 바울은 에베소 교인들과 모든 그리스도인들을 "허물과 죄로 죽었던 너희"(엡 2:1)라고 부른다. 우리에게는 생명이 없었다. 그리고 거기서 변화되려는 생각도, 스스로 변화할 능력도 없었다. 어쩌면 우리에게 설교하는 것은 시체에게 설교하는 것과 같다. 거리의 시체에게 더 나은 삶을 살라고 한들, 아무리 설명하고 설득해도 그들은 하나님께로 돌아오지 않을 것이다. 왜냐하면 죽었기 때문이다.

그러나 그 죽음이 끝이 아니었다. "긍휼이 풍성하신 하나님이 우리를 사랑하신 그 큰 사랑을 인하여 허물로 죽은 우리를 그리스도와 함께 살리셨고(너희는 은혜로 구원을 받은 것이라)"(엡 2:4-5). 하나님께서 우리를 죽음에서 살리셨다. 하나님의 영을 우리 심령에 불어넣으셔서 새로 태어나게 하셨다. 성령은 복음에 응답하고 싶은 마음과 능력을 주신다. 하나님이 우리를 살리셨기 때문에 우리는 복음을 듣고 믿음으로 반응할 수 있다. "너희는 그 은혜에 의하여 믿음으로 말미암아 구원을 받았으니 이것은 너희에게서 난 것이 아니요 하나님의 선물이라 행위에서 난 것이 아니니 이는 누구든지 자랑하지 못하게 함이라"(엡 2:8-9).

우리는 믿음으로 구원을 받는다. 그 믿음은 하나님께서 우리에게 주셔야만 한다. 이를 위해 성령으로 우리를 살리셨다. 왜 어떤 사람들은 구원받고 어떤 사람들은 구원받지 못하는가? 어떤 사람들은 복음에 믿음으로 반응하고 다른 사람들은 복음을 거절하는가? 그리스도인들이 더 영리하고, 경건하고, 자격이 있어서인가? 아니다. 오로지 하나님 은혜다. 하나님이 우리에게 믿음을 주시고 생명을 주시기로 결정하셨기 때문이다. 하나님은 항상 그렇게 역사하신다.

에스겔 37장에서 에스겔은 마른 뼈들에게 하나님의 말씀을 선포한다. 이때 마른 뼈들은 이스라엘을 의미했다. 당시 이스라엘은 죽어 있었다. 그들은 하나님을 위해 살지 못한다.

그러나 에스겔이 말씀을 선포하자 놀라운 일이 벌어진다. 죽은 흩어져 있던 뼈들이 다시 연결되고 살이 오른 것이다. 그러나 "그 속에 생기는 없더라." 사람 같아 보였지만 그들은 여전히 죽은 시체였다. 그런데 에스겔이 하나님의 생기를 불어넣자 진정한 변화가 일어난다. 하나님의 생기로 인해 시체가 하나님의 백성이 되었다.

　　어떤 사람들은 하나님의 주권과 선교를 상반된 것으로 생각한다. 사람들의 반응이 결국 하나님의 손 안에 있다면 왜 우리가 복음을 전해야 하는가? 그러나 바울은 정반대로 생각했다. 바울은 살리시기로 택하신 사람들이 있다는 것을 알았다. 그들에게 필요한 것은 복음을 전해 줄 사람이었다. 바울은 그 도구로 사용되었다. 바울이 복음을 전하면, 하나님이 택하신 사람들이 그리스도를 믿게 될 것이다. 그 과정이 길더라도 하나님이 택하신 자들을 구원하실 것이다. 바울은 그저 복음을 전하기만 하면 되었다.

　　처음 고린도에 도착한 바울은 항상 그래 왔듯이 유대인들에게 먼저 복음을 전했다. 그러나 사도행전에서는 바울의 행동에 대하여 "그들이 대적하여 비방하거늘"이라고 말한다(행 18:6). 그래서 바울은 회당 옆의 어떤 사람의 집에 가게를 열었다. 많은 사람들이 복음을 듣고 구원받았지만, 바울이 낙심하거나 지치거나 두려웠던 것으로 보인다. 어느 날 밤, 주께서 바울에게 환상으로 말씀하셨다. "두려워하지 말며 침묵하지 말고 말하라 내가 너와 함께 있으매 어떤 사람도 너를 대적하여 해롭게 할 자가 없을 것이니 이는 이 성중에 내 백성이 많음이라"(행 18:9-10).

그 환상 덕분에 바울은 고린도에서 하나님의 말씀을 18개월 더 전하고 가르칠 수 있었다. 위협 속에서도 바울을 계속 사역하게 한 것은 무엇인가? 그 성중에 하나님의 백성이 많다는 사실이었다. 오늘날에도 그렇다. 당신이 살고 있는 곳(대도시, 소도시 등)에는 하나님의 백성이 많이 있다. 하나님이 택하신 자들이 당신 주변에 존재한다. 당신이 복음을 전하면, 하나님이 그들에게 믿음을 주셔서 응답하게 하신다.

나의 경우에 있어 그리스도를 전하지 못하게 막는 주된 요소는 시간 낭비일지 모른다는 섣부른 생각이었다. 이웃을 전도 집회에 초청하면 분명히 거절당할 것이라고 생각했다. 파티에서 어떤 사람에게 복음을 전하면 앞으로 나를 피할지 모른다고 생각했다. 그래서 나는 그런 일들을 피하려고 복음을 전하지 않았다.

그러나 바울은 자신의 삶을 다르게 보았다. 그는 하나님이 택하신 자들이 주를 믿게 하는 일에 인생을 걸었다. 하나님이 택하셨으므로 하나님이 그들을 설득하실 것이라고 생각했다. 바울은 택하신 자들을 찾기만 하면 되었다. 그래서 바울은 차별하지 않고 모든 사람에게 복음을 전했다.

우리 집 창고에는 각종 씨가 있다. 금년에 보니 어떤 씨는 이미 사용 기한이 넘었다(나는 씨에 사용 기한이 있는지 몰랐다). 나는 그 창고 안에서 씨를 손바닥에 올려놓고 보았다. 다 죽은 것처럼 보였다. 그래도 어떤 씨는 아직 생육하고 자랄 잠재성이 있을 것이다. 그것을 알아볼 방법은 단 하나밖에 없었다. 씨를 심고 물을 주는 일이다. 어떤 씨는 자라고, 어떤 씨는 자라지 않았다. 그것이 핵심이다. 어떤 씨는 자랐기 때문에 그 모든 수고가 헛되지 않았다.

당신의 도시에 사는 사람들도 마찬가지다. 그들은 영적으로 죽은 것처럼 보일 것이다. 실제로 그들은 영적으로 죽어 있다. 그러나 어떤 사람들은 하나님이 택하신 자들이다. 당신이 복음을 전해서 물을 주면, 하나님이 그것을 통하여서 그 사람들을 새생명으로 이끄실 것이다. 어떤 사람이 하나님께서 택하신 자인지 당신은 알 수 없지만, 복음을 전할 수 있다.

당신의 도시에 사는 사람들을 떠올려 보라. 당신의 이웃, 동료, 친구에 대해 생각해 보라. 그중 어떤 사람들은 하나님이 택하신 사람일 수 있다. 만일 그들이 복음을 듣는다면 하나님이 성령을 통해 그들에게 생명을 주실 것이다. 누가 하나님이 택하신 자이고 누가 아닌가? 그것을 알아보는 방법은 단 하나다.

:: 하나님이 택하신 자들의 경건함
바울은 사람들이 회심한 후에도 하나님이 택하신 그 사

람들의 믿음이 성장하도록, 가르치기를 멈추지 않았다. 바울 사역의 두 번째 목표는 '경건'이었다. "하나님의 종이요 예수 그리스도의 사도인 나 바울이 사도 된 것은 하나님이 택하신 자들의 믿음과 경건함에 속한(경건함에 이르게 하는) 진리의 지식 [을 위함이라]"(딛 1:1).

바울은 위대한 전도자였다. 그러나 바울은 단지 사람들 이 믿게 되는 것으로 만족하지 않았다. 바울은 그들의 믿음이 자라도록 수고하며 일했다. 바울이 빌립보서에서 말하듯, 그의 목표는 "너희 믿음의 진보와 기쁨을 위하여 너희 무리와 함께 거할 이것"이었다(빌 1:25).

하나님 종의 목표는 하나님이 택하신 자들이 복음을 믿 는 것이다.

- 믿음의 시작 - 그리스도인이 될 때
- 믿음의 지속 - 계속 그리스도인으로 있을 때
- 믿음의 진보 - 그리스도인이 성장할 때
- 믿음의 배가 - 하나님이 택하신 다른 자들이 믿게 하 는 종이 될 때

바울은 진리가 우리를 하나님께로 이끌 뿐 아니라, 경건 함으로 이끈다고 믿었다(딛 1:1). 헬라어 원문에서는 진리와 경 건의 관계가 모호하다. 그러므로 바울이 경건에 "상응하는" 진

리라고 말한 것일 수도 있다(ESV). 경건에 이르게 하는 이 진리는 '진리'라고 주장하지만 경건한 삶을 낳지 못하는 다른 가르침과 대비된다(이 문제는 추후에 다루겠다). 거짓 교사들은 타락한 행동으로 이어지는 거짓 교리를 가르친다(10-11절). 반면에 "바른 교훈에 합당한" 행동이 있다(2:1). 그런 면에서 경건은 진리를 입증한다. 경건은 진리가 진정한 진리임을 보여 준다. 아니면 이렇게 말하는 것이 더 좋겠다. 진리가 생산하는 열매는 그 진리가 살아 있다는 것을 증명한다.

1장 1절을 가장 자연스럽게 번역한 성경은 진리가 경건으로 "이어진다"라고 표현한다(NIV). 이러한 해석의 차이는 그리 중요하지 않다. 경건이 진리의 징표인가? 아니면 진리가 경건을 일으키는가? 물론 답은 그 두 가지가 다 맞다. 경건은 진리의 징표다. 왜냐하면 진리가 경건으로 이어지기 때문이다.

이 본문에서 경건을 추구하라고 하는 것은 바울이 믿음을 추구하라고 하는 것과 일맥상통한다. 즉 열매 맺는 믿음을 가지라는 것이다. 우리의 믿음이 영적 지식과 더불어 성장함에 따라 우리는 더 경건해질 것이다. 그리스도 안에서 하나님이 우리를 위해 하신 일을 더 이해할수록, 우리는 더 하나님을 사랑하고 하나님을 위해 살 수 있다.

2장 11-12절에서 바울은 이에 대하여 자세히 설명한다.

모든 사람에게 구원을 주시는 하나님의 은혜가 나타나

우리를 양육하시되 경건하지 않은 것과 이 세상 정욕을 다 버리고 신중함과 의로움과 경건함으로 이 세상에 살고.

1장 1절에서는 진리가 '경건'(유세베이아, eusebeia) 으로 이어진다고 말한다. 2장 12절에서 진리는 "경건하지 않은 것"(아세베이아, asebeia)에서 멀어지게 하고 "경건함으로 이 세상에 살게"(유세보스, eusebōs)한다. 이 세 가지가 다 같은 헬라어 어원 '세보'(sebō)에서 나온다.

바울이 원하는 것은 단지 옳은 것을 믿는 그리스도인들이 아니다. 바울이 로마 제국을 두루 다닌 것은 그리스도를 믿기로 결정한 사람들의 수를 집계하기 위해서가 아니었다. 바울의 목표는 단순히 사람들이 앞으로 나와서 그리스도께 삶을 헌신하겠다고 결단하는 것이 아니었다. 바울의 목표는 사람들이 믿어서 경건한 삶의 열매를 맺는 것에 있었다. 바울의 목표는 회심자들이 아니라, 예수 그리스도의 제자가 되는 일이었다. 우리가 어떤 사역을 하거나 어떤 사역을 하기 위해 기도할 때, 그것이 우리의 목표여야 한다.

여기서 바울은 단지 자기 사역이 어떻다고 말하는 게 아니라, 디도의 사역을 위한 본보기를 제시하고, 모든 시대와 장소의 사역을 위한 본보기를 제시한다. 우리도 거기에 포함된다. 그래서 사역의 목표(하나님이 택하신 자들의 믿음과 경건)를 제시한 후에, 그 복음 사역 모델의 배경과 내용을 말한다.

:: 복음 사역 모델의 배경: 영원에서 영원으로

바울이 사도 된 것은 "하나님이 택하신 자들의 믿음과 경건함에 속한 진리의 지식과 영생의 소망을 위함이라 이 영생은 거짓이 없으신 하나님이 영원 전부터 약속하신 것"이다(1:1-2).

여기서도 역시 인과관계가 불명확하다. 바울이 믿음과 경건을 추구하는 것은 "소망해서"(NIV1984에서 소망을 "의지하여"라고 하듯이)인가, 아니면 "소망을 갖기 위해서"인가? 소망이 시작인가, 끝인가? 아마도 둘 다일 것이다. 이것은 선순환, 곧 좋은 순환이다. 믿음이 소망으로 이어지고 소망이 믿음을 지탱한다. 예수님을 신뢰할수록 소망이 굳건해진다. 소망이 굳건할수록 당면한 상황 너머의 예수님을 신뢰할 수 있다.

바울은 기독교 사역의 배경을 올바로 제시한다. 얼마나 놀라운 배경인가! 영원부터 영원까지다. 바울이 하는 일, 디도가 하는 일, 우리가 하는 일은 영원을 배경으로 한다.

영생의 소망

우리가 하는 일은 영원한 미래까지 이어진다. 우리는 "영생의 소망 안에서" 일하고 있다(2절). 오늘 당신이 하는 일이 영원한 함축 의미를 갖는다. 그것이 맺는 열매는 영원할 것이다.

바울은 고린도전서 3장 12-15절에서 그리스도인의 사역은 건축과 같다고 말한다. "만일 누구든지 금이나 은이나 보석이나 나무나 풀이나 짚으로 이 터 위에 세우면 각 사람의 공적이 나타날 터인데 그 날이 공적을 밝히리니 이는 불로 나타내고 그 불이 각 사람의 공적이 어떠한 것을 시험할 것임이라 만일 누구든지 그 위에 세운 공적이 그대로 있으면 상을 받고 누구든지 그 공적이 불타면 해를 받으리니 그러나 자신은 구원을 받되 불 가운데서 받은 것 같으리라."

나는 북부 잉글랜드 쉐필드에 살고 있다. 우리 동네에는 회백색 포틀랜드 석으로 지어진 2백년이 지난 건물들이 있다. 지금도 매우 건재하다. 다른 건물들은 값싸게 지어져 30년이 지나면 허물고 새로 지어야 한다. 바울은 오래 가도록 지으라고 한다. 정말 오래 가도록 말이다. 즉 바울은 영원을 염두에 두고 지으라고 말한다. 만일 예수 그리스도의 기반 위에 (금이나 은으로) 잘 지으면, 우리가 한 일은 영원할 것이다. 그러나 (지푸라기로) 잘못 지으면, 우리가 한 일은 불의 심판에 의해 소멸할 것이다.

영원 전부터 약속하신 것

디도서 1장 2절의 "영생"은 문자적으로 '만세의 생명'이다. 바울은 그 영생이 말 그대로 "영원 전부터 약속하신 것"이라고 말한다. '만세'는 '영원'과 같은 단어다(아이오니오스, aiōnios). 그러므로 "영원부터 영원까지"가 된다. 우리가 하는 일은 미래의 영원까지 이어지고 또한 뒤로 과거의 영원까지 이어진다.

당신이 오늘 하는 일은 단지 오늘에 그치지 않고 영원한 열매를 맺으며 평범해 보이는 일이지만 그것을 통해 하나님이 역사하신다. 그것은 하나님 아버지께서 아들 예수님을 사랑하신 것과 연결된다.

바울은 영생이 "영원 전부터 약속하신 것"이라고 말한다 (딛 1:2). 하나님이 누구에게 약속하셨는가? 누가 시간의 시작 전에 그 약속을 들었는가? "곧 창세전에 그리스도 안에서 우리를 택하사 우리로 사랑 안에서 그 앞에 거룩하고 흠이 없게 하시려고 그 기쁘신 뜻대로 우리를 예정하사 예수 그리스도로 말미암아 자기의 아들들이 되게 하셨으니 이는 그가 사랑하시는 자 안에서 우리에게 거저 주시는 바 그의 은혜의 영광을 찬송하게 하려는 것이라"(엡 1:4-6).

바울은 "그리스도 안에서 우리를 택하사"라고 말한다. 아버지 하나님께서 아들 하나님 안에서 우리를 택하셨다. 그리고 약속을 주셨다. 아들 하나님께 신부를 주겠다고 약속하셨다. 즉 당신을 주겠다고 약속하셨다. 그것은 "그 기쁘신 뜻대로"였다.

하나님은 우리를 택하시고 기뻐하셨다. 아버지 하나님께서 아들 하나님으로 인해 너무나 기뻐하셔서 그 기쁨을 우리와 나누기로 결정하셨다. 하나님이 우리를 창조하시고 또 재창조하셔서, 아버지 하나님께서 아들 하나님 안에서 기뻐하시는 것에 우리가 동참하게 하셨다. 아들 하나님께서 죽으셔서 우리가 아들 됨의 경험에 동참하고 아들 하나님이 받으시는 것과 동일한 사랑을 아버지 하나님께 받게 하셨다.

바울은 디모데후서 1장 8-9절에서도 이와 같은 것을 말한다. "오직 하나님의 능력을 따라 복음과 함께 고난을 받으라 하나님이 우리를 구원하사 거룩하신 소명으로 부르심은 우리의 행위대로 하심이 아니요 오직 자기의 뜻과 영원 전부터 그리스도 예수 안에서 우리에게 주신 은혜대로 하심이라."

우리의 구원은 우리의 공로 때문이 아니라 하나님의 뜻과 은혜 때문에 가능했다. 이 은혜를 "그리스도 예수 안에서" 영원 전에 우리에게 주셨다. 당신이 하는 일이 평범해 보일지라도 그것을 통해 하나님이 역사하신다. 그것은 아버지 하나님께서 아들 하나님께 약속하신 것의 성취다. 아버지 하나님께서 당신을 보실 때 아들 하나님이 하신 일로 인해 기뻐하신다. 아버지 하나님은 아들 하나님을 사랑하시듯 당신을 사랑하신다. 아버지 하나님께서 당신을 택하셔서 삼위일체 하나님의 기쁨에 참여하게 하셨다.

당신의 교회도 이와 마찬가지다. 당신의 교회는 영원부터 영원까지 존재한다. 그보다 더 의미심장한 것은 아무것도 없다. 당신의 도시에 일어난 일 중에 당신의 교회보다 중요한 것은 없다(다른 교회 외에). 정말로 아무것도 없다.

2013년 초, 우주망원경이 사상 최대로 밝은 우주 폭발이 과거에 일어났던 것을 관측했다. 그 폭발은 별들을 환하게 비추고 우주에 복사를 방출했다. 만일 그 폭발이 지구의 1천 광년 안에 일어났더라면, 지구의 생명체는 전멸했을 것이다. 그것은 인간이 목격한 최대의 사건이었다.

그러나 아니다. 한 사람이 그리스도인이 되는 것이야말로 큰 사건이다. 당신의 회심은 영원 전에 계획되었고 미래의 영원까지 이어질 사건이다. 거대한 우주 폭발도 하나님 아들의 죽음 및 부활과 비교되지 않는다. 한 사람의 회심은 엄청나게 놀라운 일이다. 그리고 회심 이후에는 더 놀라운 일이 벌어진다.

:: 복음 사역 모델의 내용:
당신의 입술을 통해 예수님이 나타나다

이 문장을 어떻게 완결하겠는가? "이 영생은 거짓이 없으신 하나님이 영원 전부터 약속하신 것인데 자기 때에 자기의 말씀을 .... 로 나타내셨으니"(1:2-3).

아마도 당신은 빈칸에 대해 예수라고 대답할 것이다. 영생의 소망을 하나님이 예수님 안에 나타내셨다고 말할 것이다. 그것은 매우 좋은 대답이다. 바울도 디도서에서 그렇게 대답했다. NIV의 "빛에 드러내다"나 "나타내다"는 2장 11절, 3장 4절의 "나타나다"와 어원이 같다. 거기서 바울은 예수님이 어떻게 역사 속에 나타나셔서 구원을 주셨는지 말한다. "모든 사람에게 구원을 주시는 하나님의 은혜가 나타나"(2:11). "우리 구주 하나님의 자비와 사람 사랑하심이 나타날 때에 우리를 구원하시되"(3:4-5). 구원이 예수님으로 인해 나타났다. 하나님이 그 영원한 목적을 예수님 안에 나타내셨다. 이것은 영광스러운 진리다. 그것은 바울이 1장 3절에서 말한 것을 더 강조해 준다. "자기 때에 자기의 말씀을 [영생의 소망을] 전도로 나타내셨으니 이 전도는 우리 구주 하나님이 명하신 대로 내게 맡기신 것이라."

전도를 통해 영생이 밝히 드러난다. 우리가 복음을 나눌 때 하나님의 영원한 약속이 나타난다. 당신이 예수님에 대해 말할 때 당신이 거하는 도시에 영생이 나타난다. 바울이 1장 3절에서 말하는 것이 2장 11절, 3장 4절과 다르다는 말이 아니다. 과거의 영원부터 미래의 영원까지 하나님의 목적은 오로지 예수님에 대한 것이다. 그러면 예수님이 어떻게 나타나는가? 오늘날 사람들이 어떻게 예수님을 볼 수 있는가? 팔레스타인 지역에 간다고 해서 예수님이 병자를 치료하시고 물 위로 걸으시는 것을 볼 수 있지 않다. 사람들이 어떻게 예수님을 만날 수 있는가? 우리의 말, 우리의 전도, 우리의 복음 전파를 통해서다.

당신이 복음을 말할 때 영원이 역사 속으로 들어오고, 그리스도가 나타나신다. 추운 날에 숨을 쉬면 공기 중에 입김이 보인다. 우리가 복음을 나눌 때 그런 일이 일어난다. 영적인 눈으로 보면 예수님이 나타난다. 사람들이 우리와 대화할 때 예수님을 만난다. 내가 개척을 도왔던 한 교회의 20주년 기념식에서 이 본문으로 말씀을 전했다. 영국 기준으로 20년은 길지 않은 시간이다. 내가 사는 곳에서 몇 킬로미터 떨어진 곳에 1천 년 된 교회가 있을 정도다. 거기로 가는 길에는 2천 5백 년

된 철기 시대 요새의 유적이 있다. 그러나 그런 것들조차도 영원에 비춰 보면 순간에 불과하다. 20년은 아무것도 아니다. 그러나 그 20년이 중요성을 갖는다. 그 20년 동안 어떤 사람들의 미래가 영원히 달라졌다. 그 사람들이 믿음으로 복음에 화답하자 하나님이 영원 전부터 계획하신 것이 열매를 맺었다.

AD627년에 노섬브리아의 에드윈 왕과 그의 참모들이 폴리누스의 선교에 어떻게 반응해야 할지 의논하려고 모였다. 그들은 기독교를 받아들이기로 하고 에드윈 왕이 세례를 받았다. 8세기의 역사가이자 수도사인 비드가 그 토론에 한 사람이 기여한 바를 기록했다.

왕의 한 참모가 그 지혜로운 논의에 동의한다고 말했다. "전하, 사람이 땅 위에서 사는 현재의 삶을 미지의 시간과 비교해 보노라면, 그것은 마치 전하께서 어느 겨울날에 무사들, 참모들과 함께 저녁 만찬 자리에 앉아 계신 연회장 안으로 날아든 화살과도 같습니다. 안의 연회장은 난롯불로 따뜻하고, 바깥은 겨울눈이나 비가 몰아칩니다. 화살이 한 문으로 날아들었다가 다른 문으로 나갑니다. 화살이 안에 있을 때는 혹한의 날씨로부터 안전하지만, 잠깐의 안락함 후에 추운 겨울 날씨 속으로 다시 돌아갑니다. 사람도 지상에 잠시 나타나지만, 이 삶의 전이나 후에 뭐가 있는지 우리는 모릅니다. 따라서 이 가르

34

침이 그에 대해 분명히 알려 주는 것이 있다면, 따르는 것이 좋겠습니다"

과거 20년은 한순간에 불과하다. 앞으로 20년도 그럴 것이다. 그러나 그것은 중요한 순간이다! 그 순간에 영원한 이야기가 전해져서 영원한 변화가 일어나기 때문이다. 그 순간에 우리의 말을 통해 그리스도가 나타나실 것이다.

1절은 하나님의 선택을 보여 준다. 바울은 하나님이 택하신 자들을 위한 하나님의 종이다. 하나님은 사람들을 택하시고 사람들이 복음에 화답할 때 믿음을 주신다. 하나님이 그런 선택을 하지 않으시면, 사람들은 죽은 채로 남아있게 된다. 그들은 복음을 들어도 요지부동이다.

그러나 또한 사람들이 복음을 듣지 못해도 죽은 채로 남아 있다. 그래서 하나님은 어떻게 하시는가? 첫째, 복음 선포를 통해 사람들이 구원받도록 하신다. 둘째, 그들에게 복음을 선포하라고 사람들에게 명하신다. 바울은 "우리 구주 하나님이 명하신 대로 내게 맡기신 전도로" 영생의 소망이 "나타났다고" 말한다(1:3). 하나님은 구원하시는 하나님이시다. 하나님은 우리가 다른 사람들에게 그것을 말할 수 있도록 특권을 주셨다. 또한 그것을 다른 사람들에게 말하라고 명령하신다. 그럴 때 영원이 역사 속으로 들어오고 예수 그리스도가 분명히 나타나신다.

●

사명을 완수하라

딛 1:5-9

너를 그레데에 남겨 둔 이유는 …
내가 명한 대로 …장로들을
세우게 하려 함이니

교회 사역이나 교회 개척에 대한 책을 읽어 보면, 교회의 구조나 질서에 대한 내용이 많다. 좋은 교회 사역에 대한 청사진을 제시하는 자료가 많다. 주일예배나 집회를 어떻게 잘 준비할 것인가에 대한 논의도 많다. 가장 좋은 소그룹 운영 방법은 무엇인가? 최고의 훈련 코스는 무엇인가? 어떤 제자 훈련 방법이 좋은가? 공동체의 성장을 저해하는 요소는 무엇이고 어떻게 극복할 수 있는가? 교회가 성장할 때 어떤 행정 시스템을 가져야 하는가? 이처럼 수많은 질문에 대한 답이 준비되어 있다.

바울이 디도를 그레데에 남겨둔 이유는 "남은 일을 정리" 하게 하려는 것이므로(5절), 디도서에 그런 질문에 대한 답이 있을 법도 하다. 그러나 바울의 편지에서는 우리가 질문한 것들을 다루지 않는다.

바울은 디도에게 어떻게 교회의 질서를 세울지 지시하지만, 구조나 절차나 집회에 대한 것은 말하지 않았다. 그런 것들이 중요하지 않았기 때문이 아니다. 우리는 구조와 집회가 필요하다. 그러나 그것은 상황에 따라 다르다. 특정한 곳과 특정한 때를 위해 만든 모델을 모든 상황에 대한 청사진으로 삼을수 없다. 당신이 처한 상황과 환경에 맞춰 그런 것들을 만들어내야 한다.

중심이 되고 보편적인 것, 바울은 거기에 초점을 맞추고있다. 그것은 복음으로 사람들을 제자 양육하는 일이다. 구조, 절차, 집회는 디도에게 전적으로 맡겼다. 디도서 전체에서 바울이 강조하는 것은 복음 중심의 제자 양육이다. 사명을 위한 말씀으로 사람들을 제자 양육하여 질서를 세우는 것을 강조한다.

:: 장로들
그레데교회에 질서를 세우기 위한 당장의 적용 사항은 장로 임명이었다. 그것이 5절 하반절의 의미다. "내가 너를 그레데에 남겨 둔 이유는 남은 일을 정리하고 내가 명한 대로 각 성에 장로들을 세우게 하려 함이니."

바울은 복음을 전했고, 그레데 교회를 개척했고, 새신자들을 제자 양육하기 시작했다. 그러나 바울은 장로들을 임명하기 전에 그곳을 떠났다.

우리는 그 이유를 디모데전서에서 추측해 볼 수 있다. 바울은 교회 리더를 너무 빨리 임명하는 것이 위험하다고 경고한다. 장로는 "새로 입교한 자도 말지니 교만하여져서 마귀를 정죄하는 그 정죄에 빠질까 함이요"(딤전 3:6).

그러므로 디모데는 (그리고 디도와 바울도) "아무에게나 경솔히 안수하지 말고 다른 사람의 죄에 간섭하지" 말아야 하고 "어떤 사람들의 죄는 밝히 드러나 먼저 심판에 나아가고 어떤 사람들의 죄는 그 뒤를 따르나니"라고 한다(딤전 5:22, 24). 우리는 시간을 들여 사람들의 성품을 살펴보아야 한다. 시간이 지나면 당장 보이지 않던 진실들이 드러나기 때문이다.

그래서 바울은 디도를 남겨 두어서 신자들을 계속 제자 양육하는 한편, 장로 임명을 모색하게 했다. 그 패턴은 바울의 제1차 전도 여행 중에도 나타났다. 바울과 바나바가 안디옥, 이고니움, 루스드라, 더베 등의 도시에서 복음을 전했다. "[그리고 나서 얼마 후에] 루스드라와 이고니온과 안디옥으로 돌아가서 … 각 교회에서 장로들을 택하여 금식 기도하며 그들이 믿는 주께 그들을 위탁"했다(행 14:21, 23).

이교 문화에 대한 바울의 선교 전략에 주목하라. 그는 복음을 전하고 나서(딛 1:1-4) 그리스도인들로 지역 교회를 조직했다(5-9절). 바울의 전략은 교회 개척이었다. 바울은 교회들을 지중해 지역 곳곳에 세우고 "각 성에" 장로들이 이끄는 교회들을 세우고자 했다(5절). 이 모습을 보며 우리는 스스로 질문해야 한다. 우리도 그러한 열정과 목표를 가졌는가? 복음적 교회가 없는 마을, 동네, 지역이 있는가? 10년 내에 모든 지역마다 복음 공동체가 그리스도를 증거하게 되도록 당신의 교회가 무엇을 할 수 있는가?

교회에 질서를 세우는 것은 장로 임명을 포함한다. 그러나 다시 한 번 주목할 중요한 사실은 바울이 특정한 구조나 절차를 세우려 하지 않았다는 것이다. 가령 이 성경 본문에서 교회 정치의 모델을 도출하기는 어렵다(그래도 그것을 도출해 보려 애쓰는 사람들이 있긴 하다). 바울의 주안점은 교회 리더들의 인격이지 교회 구조가 아니었다. 그들의 역할이지, 그들의 위계 구조가 아니었다(9절). 따라서 바울이 리더에 대해 말할 때 강조한 것은 제자를 양육할 능력을 갖춘 훌륭한 제자를 찾는 것이었다. 바울은 제자로 입증된 리더들을 원하고, 그들이 더 많은 제자를 삼는 데 시간을 쓰기 바랐다.

당신은 어떤 리더를 찾는가? 우리는 기량을 찾을 때가 많다. 설교를 잘하거나, 성격이 쾌활하거나, 목양을 잘하거나, 좋은 전략이 있거나, 행정 능력이 있거나 등의 능력을 따진다. 그러나 바울은 어떤 사람인가에 더 관심을 기울였다. 당신이 교회나 가정 소그룹의 리더라면, 5-9절 말씀이 당신으로 하여금 어떤 리더가 되어야 하는지 깨닫게 할 것이다. 만일 당신이 리더가 아니라면, 그런 종류의 리더를 기대하고 (만일 당신의 리더가 그렇다면) 그 혜택을 보기 바란다. 당신의 리더들이 그런 사람이도록 기도하라.

:: 가정에서 책망할 것이 없어야 한다

먼저, 우리는 리더들이 가정에서 책망할 것이 없기를 기대해야 한다. "책망할 것이 없고 한 아내의 남편이며 방탕하다는 비난을 받거나 불순종하는 일이 없는 믿는 자녀를 둔 자라야 할지라"(6절).

"책망할 것이 없음"은 완전히 흠이 없다는 의미가 아니다. 어떤 리더도 완전할 수 없다(리더들과 교인들은 완전한 척 하지도 말고 그것을 요구하지도 말아야 한다). 책망할 것이 없다는 것은 평판이 좋아서 비난할 것이 없다는 의미다.

"한 아내의 남편이며"는 "아내에게 충실하다"는 뜻이다. 독신이나 재혼한 사람을 배제하지 않았다. 부부 사이가 원만하고, 부인에게 성실하고, 부인을 돌보고, 다른 여자들과 어울려 부인을 어렵게 하지 않는 사람을 찾아야 한다는 의미다.

"믿는 자녀를 둔 자"라는 다음 구절도 이와 같이 정리할 수 있다. 여기서 "자녀"는 어린아이를 의미한다. 대부분의 어린아이들이 부모가 믿는 대로 믿는다. 따라서 어린아이의 믿음은 가정이 어떤지를 반영한다. 바울은 믿음의 가정이라는 것을 보여 주는 어린아이를 둔 장로를 임명하고자 했다. 어린아이가 장성한 후에 신앙에 대해 스스로 의문을 가질 수 있지만, 어릴 때는 부모의 신앙이 자녀에게 고스란히 나타난다. 부모는 주도면밀히 자녀를 가르치고 믿음의 본을 보이고 사랑으로 훈육해야 하며 어린이가 "방탕하거나 불순종하도록" 방임하지 말아야 한다. 따라서 장성한 자녀가 믿음을 버린 경우나 어린아이가 완벽하지 않은 경우는 배제되었다.

여기서 핵심은 장로 후보가 가정을 잘 이끌어야 한다는 것이다. 왜 그런가? "감독은 하나님의 청지기이기"(하나님의 집을 관리하기) 때문이다(7절). 교회는 하나님의 집이며 곧 가족이다. 따라서 장로는 하나님의 집이나 하나님의 가족을 경영한다. 따라서 자기 집을 어떻게 이끄는가를 보면 하나님의 가족인 교회를 어떻게 이끌지 알 수 있다. 만일 집에서 군림한다면, 교회에서도 군림할 것이다. 만일 집에서 책임을 감당하지 않는다면, 교회에서도 책임을 회피할 것이다. 바울이 디도에게 교회의 리더를 뽑을 때 가장 중요한 참고사항으로 가정이 어떤가를 살피기를 권면한다.

:: 진정한 어른

서구의 한 세대는 영원히 어린아이로 살고 싶어 한다. 또 그들은 그렇게 살도록 권유받기도 한다. 책임을 지기보다 회피하고, 가정에서 수동적으로 행동하고, 결혼생활의 혜택을 누리면서 독신 생활의 이점도 계속 유지하고 싶어 한다. 그러나 우리가 어른이라면 그에 맞게 행동하고 서로를 격려해야 한다! 가정과 교회를 이끌고, 교회와 가정과 도시에서 섬김을 솔선수범 해야 한다. 가정과 교회에서 그리스도처럼 살려고 애써야 하고, 현재의 모습에 안주하지 말고, 우리가 지향하는 사람됨을 향해 한걸음씩 더 나아가야 한다. 그것이 어른이 된다는 의미다. 그것은 남자다움을 과시하는 것이 아니라, 다른 사람들의 "샬롬"을 위해 책임지는 것이다.

그러므로 교회는 남자들이 가정에서 좋은 리더가 되도록 훈련해야 한다. 그것이 그들의 핵심 사역이며, 거기서 교회 사역을 위한 훈련이 이루어진다. 당신이 교회에서 리더라면, 경건한 가정을 위해 헌신하고 있는가? 교회에서 리더가 되고자 한다면, 당신의 가정 내의 역할을 충분히 보여 주고 있는가?

:: 책망할 것이 없는 인격

둘째로 인격에 책망할 것이 없는 리더를 찾아야 하고 그런 리더가 되어야 한다. 7절에서 바울은 "책망할 것이 없다"라는 말을 반복한다. 여기서 초점은 원만한 인격이다. 바울은 리더에게 없어야 할 다섯 가지를 말한다. "제 고집대로 하지 아니하며, 급히 분내지 아니하며, 술을 즐기지 아니하며, 구타하지 아니하며, 더러운 이득을 탐하지 아니하며." 그 다음 8절에서는 있어야 할 여섯 가지 덕목을 말한다. "나그네를 대접하며, 선행을 좋아하며, 신중하며, 의로우며, 거룩하며, 절제하며."

기억하라. 바울의 주된 관심사는 최고의 기량을 가진 사람을 찾는 게 아니다. 바울의 주된 관심사는 인격에 있다. 그 이유는 두 가지다.

첫째, 이기적 목적을 위해 기량이 사용되면 그 결과는 파괴적일 뿐이다. 그런 예를 역사 속에서 자주 볼 수 있다. 이 세상의 폭군들이 소기의 목적을 이룬 것은 단지 운이 좋아서가 아니었다. 그들은 능력 있는 사람들이었다. 말발이 좋거나 카리스마가 있거나 전략에 능했다. 그런 기량들이 결합하여 리더로서 성과가 있었고 소기의 목표를 달성했다. 문제는 그들의 능력이 아니라 인격이었다. 교회 안에서 흔하지 않은 극단적 예지만, 은사가 있는 사람이 급부상했다가 추락하는 일이 드물지 않다. 그럴 때 그들의 교회도 같이 추락한다. 혹은 교회 리더들이 은사를 사용하여 지위를 유지하려 하거나 자신의 권력을 지키려고 하거나 안락한 삶에 안주하려 한다. 그들의 교회도 그들의 인도를 따라가다 믿음이 위축된다.

둘째, 진리를 가르치지 못하는 것의 시작은 흔히 도덕적이지 못한 삶이다. 감독 후보자는 "더러운 이득을 탐하지 아니하는"(7절) 사람이어야 한다. 11절에서 바울이 거짓 선지자에 대해서도 같은 말을 한다. "그들의 입을 막을 것이라 이런 자들이 더러운 이득을 취하려고 마땅하지 아니한 것을 가르쳐 가정들을 온통 무너뜨리는도다."

잘못된 욕망은 곧 잘못된 가르침으로 이어진다(딤전 6:3-10). 약간이라도 나쁜 욕망을 가지면 거짓 가르침이 매력적으로 다가온다. 새롭고 신기한 논란거리가 먹히기 때문이다. 정설을 말해서는 명성을 얻거나 사람들을 끌어 모으거나 베스트셀러가 되지 못한다. 왜냐하면 정설은 이미 전부터 있던 것이기 때문이다.

그러나 잘못된 도덕이 거짓 가르침을 유발하는 더 심각한 경로가 있다. 로마서 1장 18-25절에서 사람들이 하나님을 모르는 이유는 "불의로 진리를 막는" 것이다. "하나님을 영화롭게도 아니하며 감사하지도 아니하여" "그 생각이 허망하여졌다."

다시 말해서, "그들의 총명이 어두워지고 그들 가운데 있는 무지함과 그들의 마음이 굳어짐으로 말미암아 하나님의 생명에서 떠나" 있다(엡 4:18). 허망한 생각과 총명이 어두워지는 것은 하나님께 영광을 돌리지 않고 오히려 마음을 굳게 하기 때문이다.

비극적이고도 위험한 사실은 교회 리더들이라고 해서 예외가 아니라는 점이다. 교회 리더들도 '믿음의 파선'을 겪을 수 있다(딤전 1:19). '착한 양심'을 지키지 않기 때문이다. 디모데전서에서 지적 의심이나 거짓 교리 때문에 그리스도를 떠난 것이 아니라, "돈을 탐냈기" 때문이었다(딤전 6:10). 권력, 성, 돈에 대한 정욕에 압도되는 것으로 시작해서 믿음을 잃는 일이 거듭 일어난다. 우리는 이성적 존재로서 편견 없이 도덕적 판단을 한다고 생각하고 싶어 한다. 그러나 사실 우리는 모두 자신의 행동을 정당화하려는 경향이 있다. 우리는 하고 싶은 일을 할 이유를 찾아낸다. 우리의 생각이 욕망에 영향을 미치는 것만큼이나 욕망도 우리의 생각에 영향을 미친다. 따라서 교회 리더 후보에 대해 다음의 질문을 해 보아야 한다. 그들이 어떤 행동을 정당화하려 들 수 있을까?

이는 리더가 아닌 우리 모두에게 해당된다. 진리를 왜곡하는 것은 일반적으로 도덕적 실패에서 비롯된다. 물론 당신은 자신이 이단이 될 가능성이 있다고 생각하지 않을 것이다. 그러나 다음의 질문들을 생각해 보라.

당신은 어떤 행동을 본능적으로 정당화하려고 하는가? 당신은 어떤 행동이 죄라는 것을 알면서도 핑계를 대거나 사소하게 여겨서 잘못을 괜찮은 척 하려 하는가?

우리의 욕망에 맞춰 진리를 왜곡하려 하기 쉽다. 그러나 우리의 욕망을 진리의 다스림 아래 두는 것이 훨씬 더 힘들긴 하지만 훨씬 더 건강하다.

:: 책망할 것이 없는 교리

셋째, 교리에 있어서 책망할 것이 없는 리더를 찾아야 한다. "미쁜 말씀의 가르침을 그대로 지켜야 하리니 이는 능히 바른 교훈으로 권면하고 거슬러 말하는 자들을 책망하게 하려 함이라"(딛 1:9).

장로는 권면도 하고 책망도 하는 능력을 가져야 한다. 본문이 강조하는 것은 기량보다 진리를 붙잡는 것이다. 가르치는 능력보다 진리에 대한 열정이 중요하다.

그것은 장로가 하나님의 가족을 관리하는 핵심 방법이다 (7절). 장로는 "미쁜 말씀의 가르침을 그대로 지켜야 하리니 이는 능히 바른 교훈으로 권면하고 거슬러 말하는 자들을 책망하게 하려 함이라"라고 한다(9절). 장로에게는 두 가지 임무가 있다. 그것을 수행하기 위해 두 가지 말씀(메시지)을 흔들림 없이 붙잡아야 한다.

1. 건전한 교리로 사람들을 권면하고 격려해야 한다.
2. 그것을 거슬러 말하는 자들을 책망해야 한다.

바울이 말한 "미쁜 말씀"은 무엇을 의미하는가? 디도서 3장 8절에서도 바울은 "이 말이 미쁘도다"라고 같은 단어를 사용한다. 그러므로 디도서 3장 3-7절이 굳게 붙잡아야할 메시지다. "우리도 전에는 어리석은 자요 순종하지 아니한 자요 속은 자요 여러 가지 정욕과 행락에 종노릇한 자요 악독과 투기를 일삼은 자요 가증스러운 자요 피차 미워한 자였으나 우리 구주 하나님의 자비와 사람 사랑하심이 나타날 때에 우리를 구원하시되 우리가 행한 바 의로운 행위로 말미암지 아니하고 오직 그의 긍휼하심을 따라 중생의 씻음과 성령의 새롭게 하심으로 하셨나니 우리 구주 예수 그리스도로 말미암아 우리에게 그 성령을 풍성히 부어 주사 우리로 그의 은혜를 힘입어 의롭다 하심을 얻어 영생의 소망을 따라 상속자가 되게 하려 하심이라."

이것은 성삼위적 은혜의 복음이다. 여기서 바울은 아버지 하나님의 사랑, 성령 하나님의 새롭게 하심, 아들 하나님의 구속을 요약했다. 바울은 우리가 구원받은 것이 "우리가 행한 바 의로운 행위로 말미암지 아니하고 오직 그의 긍휼하심을 따라"라고 강조한다(딛 3:5).

이것은 간단하지만 쉽지 않다. 리더들은 복음으로 교회를 격려하고 꾸짖어야 한다. 너무 소극적이어서도 안 되고 너무 많이 말하지도 말아야 한다. 리더들이 교인들을 위해 설교하고, 가르치고, 복음을 강조할 필요가 있다. 리더들은 교인들을 사랑하고, 먼저 복음 안에서 살고 성장할 필요가 있다. 리더들이 먼저 복음으로 빚어진 제자가 되어야 하고(1:6-8) 복음으로 빚어진 제자를 양육해야 한다(1:9).

당신의 리더는 어떠해야 하는가? 가정에서, 인격에 있어서, 교리에 있어서 책망할 것이 없어야 한다. 리더는 제자여야 하고 또한 다른 사람들을 제자로 양육해야 한다.

16세기의 개혁가 장 칼뱅이 교회 리더에 대해 말했다.

교회 리더는 "두 가지 목소리를 내야 한다. 하나는 양떼를 모으는 목소리이고 다른 하나는 이리와 도둑을 쫓아내는 목소리이다."[2]

장로는 격려하는 목소리와 책망하는 목소리를 내야 한다. 칼뱅은 다음 구절처럼 바울의 리더십 훈련을 곧바로 받아들였다. 장로는 "미쁜 말씀의 가르침을 그대로 지켜야 하리니 이는 능히 바른 교훈으로 권면하고 거슬러 말하는 자들을 책망하게 하려 함이라"(9절).

바울은 디도가 리더들을 임명하고 또한 그 리더들에게 바른 모델이 되어 주기를 바랐다. 디도가 어떤 종류의 모델이 되어야 하는가? 바울이 디도에게 하는 명령의 동사들을 보면 분명히 알 수 있다. 입을 막을 것이라(11절), 엄히 꾸짖으라(13절), 말하라, 가르치라(2:1, 2, 3, 9, 15), 권면하라, 격려하라(6절), 권면하고 책망하라(15절), 상기시키라(3:1), 훈계하라, 경고하라(10절).

목회 사역에 있어서 흔한 위험 두 가지가 있다. 바울은 그 두 가지를 다 경계한다. 그것은 '과도한 목회'(over-pastoring)와 '방임 목회'(under-pastoring)이다. 과도한 목회는 리더가 교회의 사역을 너무 많이 통제하는 경우다. 그런 리더는 의견이 다르면 즉시 억압하고 심지어 교인들을 괴롭히기까지 한다. 그들은 어떤 사안을 개인적 감정으로 대하는 경우가 많다. 누가 변화를 제안하거나 비판하면 감정을 실어 반응하고 반박하며 비난한다. 그런 리더가 무의식적으로 갖는 목표는 자신이 만사를 통제하는 것이며, 회중의 성숙이 아니다. 그런 이유로 바울은 장로에 대해 "제 고집대로 하지 아니하며 급히 분내지 아니하며"라고 말한다(1:7).

방임 목회는 리더가 교회에서 리더십을 너무 행사하지 않을 때 일어난다. 그런 경우에는 직면하여 거짓 가르침을 교정해주거나 불경건한 생활을 바꾸라고 촉구하지 않는다. 사람들을 격려하는 일은 잘 하지만, 잘못을 저지르는 사람을 꾸짖는 데는 약하다. 과도한 목회를 하는 사람의 목표가 자신이 통제하려는 것이라면, 방임 목회를 하는 리더들의 목표는 자신이 편하려는 것이다. 그들은 조용히 살고 싶어 하지만, 바울은 장로가 복음을 "거슬러 말하는 자들을 책망"해야 한다고 말하고(1:9), "종교적인 사람들의 입을 막아야 한다고" 디도에게 말한다(1:10-11).

당신이 리더가 아니라도 디도서 2장에서 보듯이 우리 모두가 교회에서 서로를 돌보도록 부름 받았다. 그러므로 우리 모두가 과도한 목회나 방임 목회를 하는 경향이 있을 수 있다. 당신이 과도한 목회나 방임 목회를 하는 경향이 있다면, 열쇠는 단지 방식을 고치는 것이 아니라, "미쁜 말씀의 가르침을 그대로 지켜야 하리니"이다(9절). 그런 이유로 복음을 굳건히 지키는 것이 중요하다.

과도한 목회를 하게 하는 것은 무엇인가? 잠언 4장 23절에서 말한다. "모든 지킬 만한 것 중에 더욱 네 마음을 지키라 마음이 네 인생의 경로를 결정한다"(NLT). 다시 말해서, 행동을 결정짓는 것은 생각과 마음의 욕망이다(막 7:20-23). 하나님에 대한 생각이 잘못될 때 행동도 잘못된다. 과도한 목회를 하는 것은 자신이 지배한다고 느끼고 싶거나 사역을 통해 자신의 가치를 입증하고 싶기 때문이다. 그들의 행동은 하나님이 위대하시고 다스리신다는 진리를 받아들이지 않는 것에서 비롯된다. 혹은 하나님이 은혜로우시고 자신의 정체성은 그리스도 안에 있다는 진리를 받아들이지 않은 것이다. 그 진리들을 이론적으로 믿을지라도 마음으로 굳건히 붙들지 않는다. 큰 압박을 받는 상황에 처할 때 그런 것이 드러나기 마련이다.

방임 목회를 하게 하는 것은 무엇인가? 사람들에게 거절 당할까봐 두렵거나 사람들에게 인정받고 싶거나 사람들이 좋아해 주기를 바라기 때문이다(성경은 그것을 "사람을 두려워하는 것"이라고 말한다. 잠 29:25). 혹은 편하게 살고 싶어서 방임 목회를 하기도 한다. 그들은 리더로서 해야 할 힘든 일들을 회피한다. 이는 하나님이 마땅히 두려워할 영광스러운 분이시라는 진리를 받아들이지 않은 행위이다. 하나님을 경외하는 마음이 사람에 대한 두려움을 압도할 만큼 크지 못한 것이다. 하나님이 선하시다는 진리를 받아들이지 못한 것일 수도 있다. 영원하고 진정한 기쁨은 하나님 안에 있다. 어려운 상황 중에도 말이다.

리더는 남에게 제자 훈련을 하기 전에 먼저 자신에게 복음으로 제자 훈련을 해야 한다. 그들이 완전해야 한다는 의미가 아니다. 완전하라는 것이 아니라, 성장하라는 것이다(딤전 4:15). 리더는 복음을 먼저 자신의 심령에 적용해야 한다. 그러지 않는다면 예수님이 경고하신 위선자와 같을 것이다. 그들은 눈에 들보를 가지고 있으면서 남의 눈에서 티를 빼려고 했다(마 7:1-5).

:: 리더 따르기

바울의 편지는 리더들을 향해서만 쓴 것이 아니다. 디도서의 마지막 절이 의미심장하다. "나와 함께 있는 자가 다 네게 문안하니 믿음 안에서 우리를 사랑하는 자들에게 너도 문안하라 은혜가 너희 무리에게 있을지어다"(딛 3:15).

상반절의 "네게"는 단수다. 곧, 바울이 디도를 향해 말한 것이다. 그러나 후반절의 "너희 무리"는 복수다. 바울이 그레데교회 전체에게 말하고 있다. 다시 말해서, 이 편지를 디도에게 썼지만, 바울은 그레데교회도 이 내용을 듣기를 바랐다.

따라서 이 편지는 바울이 디도에게 맡긴 일에 대한 임명장이었다고 할 수 있다. 그렇게 해서 디도가 바울이 시킨 일을 하고 있다는 것을 모든 사람에게 알렸다. 그것이 바울이 편지를 매우 공식적으로 시작한 이유일 것이다. 바울의 자격증을 디도에게 제시할 필요는 없지만, 바울이 "하나님의 종이요 예수 그리스도의 사도"로서 말하고 있다는 것을 교회가 알 필요가 있었다(1:1).

그래서 바울이 디도서에서 리더에 대해 말할 때, 교회 안의 모든 사람이 리더가 어떤 사람이고 무엇을 해야 하는지를 기대해야 하는지 말한다. "리더가 이러하기를 기대해야 하고, 당신이 리더라면 이런 리더가 되어야 하고, 당신의 리더들을 위해 이렇게 기도하라."

사람은 모두 격려받기 원한다. 우리는 모두 리더에게 칭찬과 격려받기를 원한다. 그러나 우리는 누가 우리의 입을 막고 꾸짖는 것을 좋아하지 않는다! "당신이 뭔데? 무슨 권리로?" 그것이 우리 시대의 모토다. 우리의 문화 속에서는 권위를 의심한다. 그레데의 문화도 그랬다. 그들은 본능적으로 "불순종했다"(10절). 그러나 리더는 잘못된 행동을 꾸짖고 거짓 가르침을 지적해야 한다. 입을 막고, 꾸짖고, 가르치고, 격려하고, 경고해야 한다. 당신의 교회의 리더들이 그렇게 하더라도 놀라지 말라! 그것은 하나님이 그들에게 시키신 일이다.

왜 그것이 하나님이 주신 일인가? 바울이 모든 것을 자기 식대로 하려 하는 폭군이란 말인가? 아니다. 바울의 주된 관심사는 "경건함에 속한 진리의 지식"이다(1절). 바울의 목표는 경건이었다. 즉 하나님을 닮고 하나님을 찬양하는 사람들이 늘어나는 것이었다.

"하나님을 시인하나 행위로는 부인"할 수도 있다(16절). 말은 경건하게 하지만 경건하지 않게 살다가 결국 하나님이 없게 될 수 있다. 정말로 당신을 사랑하는 리더는 당신의 당장의 안락함보다 당신의 영원한 운명을 우선시하기 때문에 당신이 그런 잘못된 길로 가는 것을 본다면 지적하고 꾸짖을 것이다. 진정으로 당신을 사랑하는 리더는 듣기 좋은 말이 가장 유익한 말은 아니라는 사실을 안다.

21세기 서구 교회에서 이 부분은 세상 문화와 반대된다. 우리는 모든 권위를 무너뜨리고 싶어 하는 문화 속에 살고 있다. 대부분의 리더들이 지적하기를 좋아하지 않는다. 지적은 아무도 하고 싶어 하지 않는 일이다.

그러나 나는 리더로서 교인들 중에 하나님과의 동행이 흐트러진 사람들에 대해 생각하고, 그들을 사랑해서 그 문제를 다루어야 한다. 우리는 하나님이 교회에 주신 리더들의 리더십을 소중히 여기고 누려야 한다. 당신의 교회의 리더를 신뢰하라. 교회 구조 안에서 안식하라. 그들은 그리스도인이 성장할 안전한 자리를 제공한다.

히브리서 13장 17절에서 말한다. "너희를 인도하는 자들에게 순종하고 복종하라 그들은 너희 영혼을 위하여 경성하기를 자신들이 청산할 자인 것 같이 하느니라 그들로 하여금 즐거움으로 이것을 하게 하고 근심으로 하게 하지 말라 그렇지 않으면 너희에게 유익이 없느니라.”

우리의 문화 속에서는 당장 이렇게 질문할 것이다. “순종하라니 무슨 말이에요?”라거나 “어디까지 순종해야 하나요?”라거나 “리더들이 권위를 가져야하는 건지 모르겠어요”라고 말이다. 그러나 그리스도인이 응당 해야 할 질문은 “어떻게 나의 리더가 기쁘게 일할 수 있도록 도울까?”이다. 당신의 목회자나 장로에 대해 그 질문을 깊이 생각해 보면 좋을 것이고, 직접 “제가 어떻게 당신이 더 기쁘게 일하시도록 도울 수 있을까요?”라고 질문해 볼 수도 있을 것이다.

:: 아버지를 찾으라, 아들을 찾으라

디도서 1장 4절에서 바울은 디도에 대해 “같은 믿음을 따라 나의 참 아들 된 디도”라고 말한다. 우리는 교회에서 사람들이 “그는 나의 진정한 형제야”라고 말하는 것을 자주 듣는다. 그러나 나는 누군가가 “그는 저의 진정한 아버지에요”라거나 “그는 나의 진정한 아들이에요”라고 말하는 것을 들어보지 못했다.

왜 이것이 중요한가? 디도와 바울의 관계는 그리스도 안에서 형제이면서도 아버지와 아들의 관계였다. 바울은 “나의 참 형제 된 디도”라고 말할 수도 있었겠지만, 그러지 않았다.

바울과 디도의 관계는 동등한 관계가 아니었다. 그들의 관계는 바울이 디도에게 명령하는 관계였다. 요컨대, 디도서는 뭔가 제안하는 제안서가 아니다! 서구의 일반적인 자기 개발 훈련에서는 인간의 잠재성을 강조한다. 그 접근법에서는 답을 제시하기보다 질문하고, 자아실현을 목표로 하기에 학생에게 선생님의 생각을 주입하지 말아야 한다고 한다.

현대의 세속적 코치 역할은 설령 바울이라도 잘못할 것 같다! 바울은 디도에게 "디도, 네가 그레데에 이런 말을 하면 좋을 것 같아"라거나 "내 생각엔 이래"라거나 "네 생각에는 어떻게 하면 좋겠어?"라고 하지 않았다. 바울은 디도에게 지시했다. 바울이 사도이기 때문이 아니라 디도가 바울의 영적 '아들'이었기 때문이다.

호주 태즈매니아에서 교회를 개척한 브라이언 윌슨과 사역에 성공하는 사람과 그렇지 못한 사람의 차이에 대해 대화한 적이 있다. 그가 평생 사역을 하면서 관찰한 바에 의하면 성공하는 사람의 특징은 바울이 디모데나 디도와 가졌던 관계를 갖고 있었다. 효과적인 리더가 되려면 아버지 같은 인물이 필요하다.

우리 세대가 이전 세대보다 잘한다거나 우리 스스로 우뚝 서야 한다고 생각하려는 유혹을 받기 쉽다. 젊은이에게 상존하는 위험은 자신이 실제보다 많이 안다거나 실제보다 더 많이 할 수 있다고 믿는 것이다. 혹은 그들은 성경에서 뭐라고 하는지 알지만, 그 진리를 목회적 민감성과 능력으로 적용할 수 있는 경험이 없다.

당신이 책임을 맡은 젊은이라면, 연장자에게서 지혜를 구하라. 이때 당신에게 도전을 줄 수 있는 사람이어야 한다. 그런 사람이 필요하다. 당신이 들어야 할 힘든 말을 해 주는 사람이 있는가? 다른 사람이라면 하지 않을 질문을 당신에게 하는 사람이 있는가?

젊은이는 에너지가 있지만, 연장자는 지혜를 갖는 경우가 많다. 교회에는 둘 다 필요하다. 그래서 우리는 서로가 필요하다. 젊은이는 연장자의 지혜를 무시하지 않으면서 전진해야 한다. 연장자는 젊은이의 열정에 찬물을 끼얹지 않으면서 지혜를 제공해야 한다.

●

경건의 성장이 없는 경우

딛 1:10-16

●

이 증언이 참되도다

그러므로 네가 그들을 엄히 꾸짖으라

이는 그들로 하여금 믿음을 온전하게 하고

바울이 서두에서 디도에게 당부한 것은 "남은(미진한) 일을 정리하고"이다(5절). 표면적으로 보면, 이해하기 어려운 말이다. 일반적으로 미진한 일을 마치거나 무질서한 것을 정리하거나 둘 중의 하나일 것이기 때문이다. 그런데 왜 바울은 디도에게 미진한 것을 정리하라고 할까? 그레데에 마치는 것과 정리하는 것이 다 필요하기 때문인가? 두 가지 일에는 공통의 분모가 있다.

바울의 복음을 듣고 회심자들이 생겼고, 교회가 이루어졌다. 그러나 바울은 리더를 임명하여 그 과정을 "마치기" 전에 떠났다. 그래서 디도가 미진한 일을 완수하려고 남았다. 즉 리더를 임명해야 했다. 그러나 그런 동안 "불순종하는" 사람들이 생겼다(10절). 교회에 무질서가 생겼다. 그래서 디도는 무질서한 것에 질서를 잡고 정리하는 일을 해야만 했다. 무질서한 교회에 대한 바울의 해결책은 리더 임명이었다. 영어 성경 10절 처음에는 "for"(왜냐하면)가 등장한다. 그에 주목하라. 바울이 디도에게 장로들을 임명하라고 한 것은 그곳에 불순종하는 사람들이 많았기 때문이다. 교회 내의 불순종을 해결하려면 권위가 강화되어야 한다! 이때 복음 중심의 권위가 필요하다. 복음으로 제자 양육을 해야 한다. 미진한 것을 완수하고 무질서한 것에 질서를 잡으려면 리더를 임명해야 한다.

:: 파괴적 영향

리더 임명의 중요성을 바울이 11절에서 제시한다. "그들의 입을 막을 것이라 이런 자들이 … 가정들을 온통 무너뜨리는도다."

1세기의 교회는 가정에서 모였다. 따라서 바울이 말한 "가정들을 온통 무너뜨리는도다"가 의미하는 바는 "각 성에"(5절) 모인 그룹들이다. 지금 바울은 지역 교회나 가정 그룹들에 대해 말하고 있다. 먼 곳에 있는 이단 집단을 말하는 것이 아니다. 그레데 교회를 파괴하는 사람들에 대해 말하고 있다.

바울은 두 그룹의 사람들을 염두에 두었을 것이다. 어떤 사람들은 입을 막아야 했다(11절). 그리고 그 사람들에게 영향을 받은 사람들이 있었다. 바울은 디도에게 두 번째 그룹을

"엄히 꾸짖으라"고 한다(13절). 그래서 "온전한" 것을 믿게 하고 "진리를 배반하는" 사람들의 영향을 받지 않게 해야만 했다(14절). 기독교 신앙을 완전히 거절한 사람들도 있지만, 그리스도 인이지만 유혹을 받아 믿음에서 멀어진 사람도 있었다. 첫 번째 그룹은 가능한 대로 최대한 입을 막아야 했고, 두 번째 그룹은 꾸짖고 회개를 촉구해야 했다.

"진리를 배반하는" 외부 영향을 오늘날 교회 안에서 통제하기는 매우 어렵다. 그러나 그 영향을 받는 사람들에 적절히 대응해야 한다. 그 영향이 가정, 가정에서 모이는 그룹, 심지어 교회까지 무너뜨릴 수 있기 때문이다. 그래서 이 사안은 매우 중요하다.

:: 불순종

핵심 문제는 권위를 거부하고 언쟁을 좋아하는 사람들에게 있다. "불순종하고 헛된 말을 하며 속이는 자가 많은 중 할례파 가운데 특히 그러하니"(10절).

"불순종하는 사람들"은 문자적으로 "반항하는 사람들"이다. "반항하는"은 6절에서 바울이 장로 임명의 결격 사유가 되는 자녀에 대해 사용한 단어다. 그들은 제멋대로인 어린아이와 같다. 자신이 제일 잘 안다고 생각하며 교회 안의 권위에 반항하기를 일삼는다.

12절에서 바울은 그레데인들을 "악한 짐승"이라고 부른다. 그것은 정죄하는 비난이다. 일반적으로 어떤 집단에 대해 그렇게 말하지 않지만 그 집단의 한 사람이 그렇게 말했기 때문에 바울이 그 말을 인용한 것이다. "그레데인 중의 어떤 선지자"인 철학자 에피메니데스는 자신의 동포를 그렇게 생각했다. 헬라어에서 "그레데인"은 부정직의 대명사였다. "그레데하다"라는 말은 "거짓말하다"라는 의미였다.

"악한 짐승"으로 번역된 구절의 문자적 의미는 "위험한 동물"이다. 그레데 섬은 사나운 짐승이 없는 것으로 유명했다. 그러나 그곳에 사는 인간의 악함이 사나운 동물이 없는 것을 상쇄하고도 남았다! 그리스도인을 성경은 양이라고 하고, 예수님은 우리의 목자장이시며 교회 리더들은 "소 목자"다(벧전 5:1-4). 그레데의 문제는 그리스도인들이 목자 아래의 양 떼가 되기를 원하지 않았다는 것이다. 그들은 스스로 사나운 동물이 되고 싶어 했다. 자신을 집단의 한 부분이 아니라 개인으로만 생각했다.

그러나 양은 사나운 동물이 아니다. 속할 무리가 필요하고 목자가 필요하다. 과거 그레데 사회만이 아니라 개인주의가 만연하는 오늘날의 서구 문화에서도 그렇다. 바울은 우리에게 경고한다. "고집을 피우지 말라. 독립적이지 말라. 네가 가장 잘 안다고 생각하지 말라. 권위 아래 들어가려 하라."

우리 주변에 다른 사람들이 있어야 하고, 특히 성숙한 그리스도인이 우리를 이끌어 줘야 한다.

:: 율법주의

거짓 교사들이 무엇을 가르쳤는지 우리는 잘 모른다. 아마 하나님께서 일부러 정확히 명시하지 않으신 것 같다. 그렇지 않다면 우리는 그건 우리 문제가 아니라고 치부했을 것이고, 권위를 거부하고 논쟁하기를 좋아하는 사람들에 대해 조심하지 않았을 것이다. 그들의 가르침 중의 한두 가지는 분명하다.

"헛된 말을 하며 속이는" 자들은 "특히 할례파"였다(딛 1:10). '특히'는 '즉'으로 번역되는 것이 좋다. "불순종하는 사람들이 많다. 즉 그들은 할례파다." 다시 말해서, 바울은 큰 그룹 안의 작은 그룹에 대해 말하는 것이 아니다(불순종하는 사람들의 큰 그룹 중에 할례파라는 작은 그룹이 있는 것이 아니다). 바울은 불순종하는 사람들을 할례파라고 불렀다.

바울의 다른 사역에도 "할례파"가 나온다. 갈라디아서 2장 12절에서 바울은 왜 베드로를 지적해야 했는지 설명한다. "야고보에게서 온 어떤 이들이 이르기 전에 게바(베드로)가 이방인과 함께 먹다가 그들이 오매 그가 할례자들을 두려워하여 떠나 물러가매"라고 말이다. 그들은 "그리스도를 믿어 그리스도인이 되지만, 계속 그리스도인이려면, 혹은 그리스도인으로서 성장하려면, 혹은 좋은 그리스도인이 되려면, 할례를 받아야 한다"라고 말했다. 또한 그들은 이방인 그리스도인들을 유대인의 율법이나 인간의 행동 규범에 굴복시키려 했다.

이제 바울이 디도서 1장 14절에서 한 말이 설명될 것이다. 할례파의 영향을 받고 있는 사람들에게 디도가 주의를 주어서 "유대인의 허탄한 이야기와 진리를 배반하는 사람들의 명령을 따르지 않게" 해야 했다. 최소한 그들은 할례처럼 예수님 안에서 이미 성취된 모세 율법의 어떤 부분을 이방인 신자들에게 적용하려 했던 것으로 보인다. 그들은 또한 그들의 행동 규범이나 영적 훈련을 강요하여 새신자들이 세속에 물들지 않고 더 거룩해지게 만들려 했다. 다시 말해서 그들이 "사람들의 명령"을 강요했을 수 있다(14절).

:: 경건을 축소시키는 경우

디도가 입을 막아야 할 사람들(11절)이 10, 12절이라고 한다면, 놀라운 점이 있다. "할례파"(10절)는 "거짓말쟁이며 악한 짐승이며 배만 위하는 게으름뱅이"다(12절). 그레데의 전반적 문화가 그렇다. 또 바울은 그레데 그리스도인들에게 유대인의 의식법 전체나 추가적인 규칙과 명령을 지키라고 강요하는 불순종하는 사람들도 마찬가지라고 말한다.

바울은 그러한 종교적 규칙을 따른다고 해서 세상의 영향에서 벗어나게 되지 않는다고 말한다. 오히려 규칙 준수의 결과로 세상의 영향에 완전히 굴복하게 된다. 할례파는 그레데인과 같은 최악의 모습을 가지고 있었다.

그들은 "네 마음대로 살고 모든 구속을 벗어"라고 말하는 사람들이 아니다. 그들은 엄격하게 종교적인 사람들이었다. 그들은 방종하지 않았다(네 마음대로 살라는 주의가 아니다). 그들은 철저한 율법주의자였다(너는 이렇게 살아야 한다는 주의다). 율법주의자가 악한 짐승과 게으름뱅이가 될 수 있는가? 10-12절에 는 놀라운 진리가 담겨 있다. 바울은 그럴 수 있다고 말한다.

어떻게 그럴 수 있는가? 첫째, 경건을 도모하는 것으로 보이는 율법과 규칙이 사실은 경건을 방해하기 때문이다. 그 것은 경건을 행동에 대한 체크 정도로 전락시킨다. "내가 이것 저것을 하기만 하면 나는 잘하고 있는 거야"라거나 "나는 할례만 받으면 경건해"라고 생각하게 만든다. 그래서 할례를 받기만 하면 거짓말쟁이나 게으름뱅이더라도 스스로 경건하다고 생각한다. 삶의 몇 가지 면을 율법적으로 지키고 다른 면들의 불경건은 간과하면서 자기는 경건하다고 생각한다. 그래서 직장에서 다른 사람들처럼 빈둥거려도 CCM을 듣고 기도하니까, 혹은 아내에게 비인격적으로 행동해도 술을 마시지 않으니까, 혹은 주일에 사람들을 사랑하지 않아도 안식일을 지키니까 스스로 경건하다고 생각한다.

아이러니는 우리가 문화의 어떤 면들에 저항하고 자신을 보호하는 규칙을 세우면서도 그 문화의 다른 불경건한 측면은 모른체 한다는 것이다. 경건이 무엇인지를 축소하여, 경건이 그리스도를 닮는 것이 아니라 몇 가지 면에서 우리의 문화를 덜 닮는 것으로 생각한다. 그리스도인의 성숙을 성적으로 문란하지 않은 것, 술 취하지 않는 것, 성경 공부에 출석하는 것으로 탈바꿈다.

예수님은 종교 전문가의 "내 이웃이 누구니이까"라는 질문에 선한 사마리아인의 이야기로 답하셨다(눅 10:29). 그 질문은 "네 이웃을 네 자신 같이 사랑하라"(눅 10:27)는 진리에 대한 답이다. 그런 면에서 그것은 완벽하게 좋은 질문이다. 문제는 그 전문가의 질문 자체가 아니라 동기다. "그 사람이 자기를 옳게 보이려고" 했기 때문이다(눅 10:29). 그는 하나님 앞에서 자신을 내세우기 위해 무엇을 해야 하는지 알고 싶었다. 그가 영생을 얻기 위해 해야 할 최소한의 일은 무엇인가?(눅 10:25). 그는 경건을 축소시킬 구체적인 율법을 알고 싶었다. 그러나 예수님이 그에게 오히려 이웃 사랑의 개념을 파격적으로 재정의하여 답하셨다.

예수님이 말씀하신 요지는 바울이 여기서 말하는 요지와 같다. 그리스도인의 삶에 대해 "~하기 위해 내가 무엇을 하여야 하는가?"라거나 "~만 하면 충분한가?"라고 질문하는 것은 율법주의에서 나온 것으로서 경건을 삶 전체의 헌신으로 여기지 않고 축소시킨 것이다.

예를 들겠다. 한 교인이 내게 전화를 했다. 친구가 그에

66

게 거리 전도를 하러 가자고 했는데 뭐라고 대답해야 할지 몰랐기 때문이다. 그래서 우리는 셋이 함께 만났다. 대화해 보니 그 친구는 우리가 거절할 수 없을 것이라고 생각하고 있었다. 그러나 삶을 비신자와 공유하고, 일주일 내내, 하루 24시간 종일 전도하고, 가정을 오픈하는 것에 대해 얘기하자, 그의 태도가 바뀌었다. 대화 후에 그는 "나는 그런 종류의 헌신을 할 수 있을지 모르겠어요"라고 시인했다.

그의 거리 전도는 매우 경건해 보였다(그건 좋은 일이다). 그러나 실상 그는 자신의 스케줄에 전도 시간을 끼워 넣고, 실행하고 나서 확인을 받고, 그 다음에는 신경을 꺼도 되는 전도를 원했던 것이다. 그는 잃어버린 영혼들에게 그리스도의 사랑으로 다가가는 데 관심이 없었다. 다만 자신이 의롭다고 느끼기 원했다. 거리 전도가 중요하지 않았다. 문제는 그의 행동이 아니라, 동기였다. 이 이야가처럼 그리스도인이 무엇을 해야 한다는 거창한 말이 실상은 우리가 정말로 해야 하는 것을 축소시키는 방편에 불과할 수 있다.

당신에게는 다른 것이 그럴 수 있다. 어쩌면 다른 전도 방법이나 교회 자원 봉사나 매일 성경을 읽는 것이나 교회 기도회 참석일 수 있다. 물론 그 모든 것들이 그리스도인이 해야 할 일이다. 그러나 그런 것으로만 경건을 평가하여 경건을 축소시키는 일이 일어나지 말아야 한다. 하나님이 큰 값을 치르셔서 우리에게 모든 것을 주셨고 이제 우리에게 모든 것을 요구하신다. 참된 경건은 "내가 얼마나 해야 합니까?"라고 질문하지 않고 "내가 더 많이 드려도 됩니까?"라고 질문한다.

:: 목적에 부합하는가

율법주의자는 거짓말쟁이, 악한 짐승, 게으름뱅이가 될 수 있다. 왜냐하면 첫째, 규칙을 더하는 것이 경건을 축소시키기 때문이다. 둘째, 규칙을 더하는 것은 삶을 변화시키는 능력이 없기 때문이다.

그런 일이 항상 일어나지만 우리는 자신보다 남에게서 그것을 더 잘 알아챈다. 내가 아는 어떤 엄격하게 종교적인 사람들은 가정생활이 평안하지 않고 가족들을 괴롭힌다. 혹은 술은 전혀 안 마시지만 돈에 대해 신뢰성이 없는 사람이 있다. 섹스나 음주가 우리를 타락시키는 게 아니다. 우리 마음이 부패하여 그것을 오용하는 것이다. 규칙은 우리 마음을 변화시키는 능력이 없다.

경건에 이르는 지름길은 없다. 규칙을 정해 놓고 읽고 지키는 게 문제가 아니다. 우리 마음은 죄악 되어서 그것을 해낼 수 없다. 그러므로 "사람의 명령과 가르침"에 따라 "붙잡지도 말고 맛보지도 말고 만지지도 말라"라는 규칙을 만들어 내면 "지혜 있는 모양이나 오직 육체 따르는 것을 금하는 데는 조금도 유익이 없다"(골 2:21-23).

바울은 디도에게 이미 "진리의 지식이 경건함으로 이어진다"라고 말했다(딛 1:1). 나중에 바울은 "모든 사람에게 구원을 주시는 하나님의 은혜가 나타나 경건하지 않은 것과 이 세상 정욕을 다 버리고 신중함과 의로움과 경건함으로 이 세상에 살게" 한다고 말한다. 은혜는 단지 그리스도인의 삶을 시작하게 하는 것만 아니라, 그리스도인이 되고서 쭉 살아가는 삶의 연료가 된다.

그러나 율법주의는 대체 연료가 되지 못한다. 율법주의로는 아무것도 할 수 없다. 바울이 1장 16절에서 말한 삶으로 이어질 뿐이다. "그들이 하나님을 시인하나 행위로는 부인하니 가증한 자요 복종하지 아니하는 자요 모든 선한 일을 버리는 자니라."

거짓 교사들은 "나는 하나님이 원하시는 것을 하고 있다"고 말한다. 그러나 그들의 행동을 보면 그렇지 않다. 그들은 옳은 것을 하고 있다고 믿지만, 행동을 보면 그렇지 않다. 그들은 "선을 행하는" 목적에 부합하지 않는다.

기억하라. 바울이 그레데 교회에서 사역하는 목표는 복음 진리에 기반한 경건을 이루는 것이다(1절). 바울은 외고집이고 자기 의를 내세우고 이기적인 사람들이 아니라 경건하고 선행을 하는 사람들을 원한다. 하나님의 백성이 선을 행하는 목적에 부합해야 한다는 점을 디도서 전체에서 내내 강조한다(2:11-12, 14, 3:1, 8, 14). 바울의 복음 사역의 산물은 경건한 사람들이다.

놀라운 사실이 있다. 율법주의적으로 성경을 가르치는 자들의 산물은 정반대다. 그것은 하나님을 부인하는 경건이다. 율법주의는 경건을 축소시키고 율법을 지킬 힘도 주지 않기 때문에 그것을 옹호하고 추구하는 자들은 "모든 선한 일을 버리는 자"다.

그 거짓 교사들의 가르침에 대하여 1장 15절에서 볼 수 있다. "깨끗한 자들에게는 모든 것이 깨끗하나 더럽고 믿지 아니하는 자들에게는 아무 것도 깨끗한 것이 없고 오직 그들의 마음과 양심이 더러운지라."

어떤 사람들은 정말로 경건하려면 섹스를 피하고(혹은 하더라도 최소한 즐기지 말고), 술을 마시지 말고, 소박한 음식만 먹어야 한다고 말한다. 그들의 메시지는 요컨대 "수도사처럼 살아야 한다"는 것이다(단 그때는 아직 수도사가 있기 전이었다).

:: 대단해 보이지만 사실은 쓸모가 없다

그런 종류의 가르침은 늘 대단해 보인다. 세속을 경계하고 거룩함에 전폭적으로 헌신하는 것 같아 보이기 때문이다. 그러나 바울은 세 가지 면에서 그것을 정죄한다.

1. 그들의 동기는 거룩함의 동기가 아니라 "더러운 이득"

의 동기다(11절). 재정적인 것이든, 자신의 명성에 대한
것이든

2. 하나님의 뜻에 순종하기보다 "사람들의 명령"에 순종
하려 한다(14절).

3. 사람들을 순수하게 만들지 못하고 부패시킨다(15절).

바울은 그들이 핵심을 완전히 놓쳤다고 말한다. 하나님
이 창조하신 좋은 선물(가령 성, 음식, 마실 것)을 사람들이 오용하
여 "배만 위하는 게으름뱅이"가 되면(12절), 문제는 하나님의
선한 선물이 아니라 사람이다. 부패한 것은 그들이지 성, 음식,
마실 것이 아니다.

율법주의는 오랜 역사가 있다. 바울이 14절에서 "사람들
의 명령"이라고 말한 것은 마가복음 7장 7절의 예수님의 말씀
을 암시한다. 그것은 이사야서 29장 13절의 인용이며, 바리새
인들이 성, 술, 특정 음식이 부패했으므로 그것을 사용하면 오
염된다고 생각한 것에 대답하신 것이다. 바리새인의 종교는
문제를 외부에서 찾는다. 예수님은 그것을 반대로 바꾸셨다.
"무엇이든지 밖에서 들어가는 것이 능히 사람을 더럽게 하지
못함을 알지 못하느냐…사람에게서 나오는 그것이 사람을 더
럽게 하느니라"(막 7:18, 20). 예수님은 내적 마음에서 문제를 찾
으셨다.

성과 음식은 부패하지 않았다. 단지 우리가 죄악되고 이

기적으로 사용할 때 성과 음식이 부패된다. 성과 음식을 접해서 우리가 오염되는 것이 아니다. 성과 음식이 불순한 마음의 사람들을 접할 때 부패한다! 따라서 성, 음식, 마실 것을 하나님이 주신 좋은 선물로 보고 말씀대로 하나님의 영광을 위해 사용할 때 성, 음식, 마실 것은 정결하다(딛 1:15).

참된 그리스도인은 세속적이지 않고 세상의 우선순위와 가치에 오염되지 말아야 한다. 그러면서도 우리는 이 세상에 하나님이 풍성히 공급하신 모든 것을 온전히 누려야 한다. 하나님이 주신 선한 선물의 사용을 금하는 것은 그것을 오용하는 것만큼이나 부패한 것이다. 그런 경향을 어떻게 간파하여 피할 수 있을까?

작고한 영국의 목회자 존 스토트는 디도서 1장에 어떤 사상의 "체계를 알아보는 3가지 테스트"가 있다고 말했다.[3]

1. 기원이 하나님인가, 인간인가? 계시인가, 전통인가?
2. 핵심이 내적인가, 외적인가? 영적인가, 의식(儀式)적인가?
3. 그 결과로 삶이 변화되는가, 아니면 그것은 단지 공식적 신조일 뿐인가?

참된 신앙은 그 기원이 하나님이고, 그 핵심은 영적이며 그 결과는 도덕적이다.

:: 항상 나쁜 것도 항상 선한 것도 아니다

이 원리들이 오늘날 우리가 직면한 쟁점에 어떻게 적용될지 생각해 보자. 예를 들어, 컴퓨터 게임의 문제를 생각해 보자. 어떤 사람들은 이렇게 주장할 것이다. "컴퓨터 게임은 중독과 게으름을 조장할 수 있다. 그래서 컴퓨터 게임은 나쁘다."

그러나 바울이라면 이렇게 말할 것이다. "아니다. 컴퓨터 게임이 우리를 부패시키는 것이 아니다. 우리가 컴퓨터 게임을 부패시킨다. 우리의 부패한 마음이 컴퓨터 게임을 중독적으로 사용하기 때문이다."

그렇다면 컴퓨터 게임에 대한 우리의 자세는 어떠해야 하는가? 컴퓨터 게임이 나쁘므로 항상 피해야 한다고 말할 수 없다. 한편 좋으므로 항상 해야 한다고 말할 수도 없다. 만일 어떤 사람이 컴퓨터 게임에 중독되어서 사람들을 섬겨야 할 때 게임을 하고 있거나 밤늦게까지 게임을 하느라 다음날 능률이 떨어진다면 컴퓨터 게임을 없애는 것이 좋을 것이다. 그러나 사실 그 상황을 나쁘게 하는 것은 컴퓨터 게임이 아니라 사용자다.

다른 예를 보자. 어떤 사람은 말할 수 있다. "로맨틱 코미디는 사람들을 현실에 불만족하게 만든다. 그러므로 로맨틱 코미디는 나쁘다." 그렇다면 로맨틱 코미디에 대한 우리의 태도는 어떠해야 하는가? 나쁘기 때문에 항상 금해야 한다고 말할 수 없다. 한편 좋으므로 항상 시청해야 한다고 말할 수도 없다. 그러나 만일 로맨틱 코미디 시청으로 당신의 독신생활이나 결혼생활에 불만족을 느끼게 된다면, 시청을 금하는 것이 좋을 수 있다.

포르노그래피에 대해서도 같은 논리를 적용할 수 있는가? "포르노그래피가 우리를 부패시키지 않는다. 우리의 부패한 마음이 포르노그래피에 정욕으로 반응할 때 포르노그래피를 부패시킨다"라고 말할 수 있을까?

아니다. 왜냐하면 포르노그래피는 하나님의 선물인 성을 이미 부패시킨 것이기 때문이다. 포르노그래피는 성을 왜곡해 표현한다. 설령 부부 사이의 성관계를 다룬 포르노그래피더라도 성은 공연이 아니므로 다른 부부의 성을 구경하지 말아야 한다. 우리는 성(우리를 부패시키지 않는 좋은 선물)과 포르노그래피 (그 좋은 선물을 부패시킨 것)를 구별해야 한다. 우리의 부패한 마음이 하나님의 좋은 선물을 왜곡할 때 성은 부패된다. 하나님의 좋은 선물인 성을 부패시키는 한 방법이 포르노그래피다.

:: 하지 말아야할 것 vs 할 필요가 없는 것

1장 전체에서 바울은 단어들을 반복해 사용하므로 대비시키는 것이 있다. 그것을 살펴봄으로써 바울 메시지의 핵심을 알 수 있다.

우리 구주 하나님이 명하신 대로(3절)

사람들의 명령(14절)

경건에 속한 진리, 경건으로 이어지는 진리(1절)

진리를 배반하는 사람들(14절)

거짓이 없으신 하나님(2절)

그레데인들은 항상 거짓말쟁이(12절)

경건함에 속한 진리, 경건으로 이어지는 진리(1절)

그들이 하나님을 … 행위로는 부인(16절)

인간의 명령을 따르는 것은 진리를 거부하는 행위다. 진리는 하나님이 "우리를 구원하시되 우리가 행한 바 의로운 행위로 말미암지 아니하고 오직 그의 긍휼하심을 따라" 하신 것이기 때문이다(딛 3:5). 그리스도인의 삶은 은혜로 시작하고 난 다음에 노력으로 살아가고 성장하는 것이 아니다. 우리는 복음의 진리를 알고 누리고 소중히 여긴다. 우리가 십자가의 은혜로 구원받았기 때문이다. 그것을 삶에도 적용할 때, 우리의 경건이 발전한다(1:1).

이 두 가지의 차이를 이렇게 생각해 볼 수 있다. 율법주의는 다음과 같이 말한다. "너는 이것을 하지 말아야 해." 복음은 다음과 같이 말한다. "너는 이것을 할 필요가 없어. 하나님이 죄보다 더 크시고 더 좋으시기 때문이야."

율법주의는 다음과 같이 말한다. "너는 남자친구와 자면 안 돼. 너는 성경을 매일 읽어야 해. 너는 술 취하면 안 돼. 너는 친구들에게 전도해야 돼. 너는 화를 내면 안 돼." 그 문제들로 씨름하는 사람에게 그건 좋은 소식이 아니다. 그건 그들에게 정죄와 압력으로 느껴진다. 반면에 복음은 이렇게 말한다. "너는 그럴 필요가 없어. 너는 술 취할 필요가 없어. 왜냐하면 예수님이 더 좋은 피난처가 되시기 때문이야. 너는 화낼 필요가 없어. 왜냐하면 하나님이 상황을 다스리고 계시기 때문이야."

죄도 항상 나름의 약속을 하지만, 복음은 그 거짓 약속을 폭로하고 하나님을 바라보게 한다. 하나님은 죄가 주는 그 어떤 것보다 더 크시고 더 좋으시다. 그것이 좋은 소식, 곧 복음이다.

당연히 예수님은 그러한 복음의 접근법을 취하신다. 요한복음 4장에서 예수님이 우물가의 여인을 만나셨을 때, 그 여인에게는 다섯 명의 남편이 있었고, 심지어 지금 동거하는 사람은 남편이 아니라는 것을 아셨다. 예수님은 여인에게 성적 범죄를 멈추라고 말씀하실 수도 있었지만, 그 대신 생수를 주셨다.

여인은 성적 친밀감 속에서 의미, 만족, 정체성을 찾다가 실패했다. 다섯 남편과 한 명의 파트너라는 숫자가 그것을 말해 준다. 여인은 성적 관계를 구원자로 삼았으나 거기에는 구원이 없었다. 예수님은 그런 여인에게 예수님 안의 의미, 만족, 정체성을 주셔서 좋은 소식을 전하셨다. 예수님은 참된 만족("생수", 10절)과 영원한 만족("영생하도록 솟아나는 샘물", 14절)을 주신다. 율법주의는 말한다. "너는 이것을 하지 말아야 한다." 복음은 말한다. "너는 이것을 할 필요가 없다. 왜냐하면 예수님이 더 크고 더 좋은 것을 주시기 때문이다. 예수님이 생수를 주신다."

인간의 명령으로 제자가 되지 않는다. 하나님의 명령으로 제자가 된다. 그 명령은 무엇인가? 복음을 전하라는 것이다. "영생의 소망을 위함이라 이 영생은 거짓이 없으신 하나님이 영원 전부터 약속하신 것인데 자기 때에 자기의 말씀을 전도로 나타내셨으니 이 전도는 우리 구주 하나님이 명하신 대로 내게 맡기신 것이라"(딛 1:2-3).

존 스토트는 말했다.

> 거짓 교사들이 늘어날 때일수록 참된 교사의 수를 늘려야 한다.[4]

우리는 복음으로 서로 격려해 복음으로 빚어진 삶을 삶으로써 목적을 이루어야 한다. 그 목적은 선을 행하는 삶이다. 그렇게 하는 유일한 길은 복음을 살고, 하나님이 주신 좋은 선물들을 누려서 하나님께 영광을 돌리고 유익을 얻는 것이다. 율법적 금기의 삶에도 방종한 삶만큼이나 은혜의 복음이 없다. 방종한 삶을 피하기 위해 율법주의적 금기로 치닫는 것은 한 가지 오류 대신 다른 오류를 범하는 것일 뿐이다.

::

Part 2

선한 영향력을 위해
참 리더를
세우라

TITUS
FOR YOU
TIM CHESTER

선한 삶

딛 2:1-10

이는 하나님의 말씀이
비방을 받지
않게 하려 함이라

바울과 디도는 아버지와 아들의 관계였다(1:4). 바울은 그런 관계가 교회 리더들만 아니라 교인들에게도 중요하다고 보았다. 그래서 이제 2장에서 바울은 디도에게 그러한 종류의 제자 양육 관계를 교회 전체에 재생산하라고 부탁한다.

디도서 1장은 바울이 "그들이 하나님을 시인하나 행위로는 부인하니 가증한 자요 복종하지 아니하는 자요 모든 선한 일을 버리는 자니라"라고 말하며 끝난다(1:16). 2장 1절은 "오직 너는"으로 시작한다. 2장에서는 1장 10-16절의 고집이 세고 자기 의를 주장하는 교사들과 반대로 디도가 무엇을 해야 하는지 말한다. 디도가 할 일은 거짓 교리를 잠잠하게 하는 것이다(11절). 또한 "바른 교훈을 말해야" 한다(2:1). '바른'이라는 단어는 '건강한'이라는 의미다. 그것은 영적, 정서적 건강을 주는 가르침이다. 디도는 사람들을 건강한 삶, 혹은 행복한 삶으로 이끌어야 한다. 그러한 삶의 특징은 선행이다.

그 삶은 어떠해야 할 것인가?

:: 늙은 남자에게

바울은 늙은 남자, 늙은 여자, 젊은 남자, 젊은 여자, 종 등 여러 범주에 속한 사람들에게 각기 다른 도전을 한다. 바울은 다른 연령, 다른 역할에 따라 직면하는 도전과 유혹이 다르다고 생각했다.

바울은 2절 말씀을 "늙은 남자"로 시작한다. 디도는 그들을 가르쳐 "절제하며 경건하며 신중하며 믿음과 사랑과 인내함에 온전하게" 해야 했다. 즉 그들이 당하는 유혹은 불평하거나 말다툼을 벌이거나 냉소적이거나 봉사하기를 피곤해 하는 것이었다. 다시 말하거니와, '바른'의 문자적 의미는 '건강한'이다. 만약 각 개인이나 공동체(혹은 교회)가 다음과 같은 생각을 한다면 건강하지 못한 것이다. "이렇게 해도 소용없을 거야. 전에도 해 봤잖아"라거나 "왜 굳이 이런 수고를 해야 하는지 모르겠어"라거나 "예전이 좋았어. 우리 때는 이렇지 않았어"라거나 말이다.

그 해결책으로 바울은 믿음, 사랑, 인내를 배우는 것이라고 말한다. 그리스도인 남자는 나이가 든 후에도 갈렙처럼 계속 성장해야 한다. 갈렙은 젊을 때 모세가 가나안 땅에 보낸 열두 정탐 중 한 사람이었다. 갈렙과 여호수아만이 가나안에 거인들이 거주하여도 하나님이 이스라엘에게 승리를 주신다고 확신했다. 그러나 다른 사람들이 동의하지 않아서 이스라엘은 약속의 땅에 들어가지 못했다(민 13-14장). 그러나 갈렙의 이야기는 거기서 끝나지 않는다. 45년이 지난 후 이스라엘이 가나안을 침공할 때에도, 85세의 갈렙은 여전히 열정적이고 하나님을 굳건히 믿었다(수 14:6-15). 그는 여전히 중심에 서서 행동하기 원했다. 하나님을 섬기는 일에는 뒤로 물러섬이 없었다.

교회의 젊은 남자는 늙은 남자의 모범을 따를 필요가 있다. 그러나 그건 쌍방향이다. 존경을 받으려면, "존경받을만해야" 한다. 늙은 남자는 젊은 남자가 보고 "나도 닮고 싶어"라고 생각하도록 살아야 한다. "나는 저렇게 생기가 없이 살고 싶지 않아"라고 말하게 하지 말아야 한다.

:: 늙은 여자에게

늙은 여자도 비슷한 유혹을 받는다. "늙은 여자로는 이와 같이 행실이 거룩하며 모함하지 말며 많은 술의 종이 되지 아니하며 선한 것을 가르치는 자들이 되고"(딛 2:3).

나이가 들면 순종하려는 열심이 줄어들고, 경건하게 살

려는 헌신이 '현실론'으로 대체되기 쉽다. 또 사람들을 낮춰 보기 쉽다. "저 사람들은 좋은 아내, 어머니, 딸이 아니야. 저들은 교회에서 남을 잘 섬기지 않아." 아마도 늙은 여자는 다른 사람들이 어떻게 생각할까에 덜 신경을 쓰기 때문에 "자유롭게" 더 노골적으로 불평하고 비판할지 모른다. 이에 바울은 말한다. "다른 사람들의 잘못에 대해 불평불만 하는 대신에 선한 것을 가르쳐라."

젊은 여자는 어떤가? "그들로 젊은 여자들을 교훈하되 그 남편과 자녀를 사랑하며 신중하며 순전하며 집안일을 하며 선하며 자기 남편에게 복종하게 하라 이는 하나님의 말씀이 비방을 받지 않게 하려 함이라"(4-5절). 본문은 젊은 여자가 직업을 가지면 안 된다는 말을 하지 않는다. 단지 젊은 여자가 한 가정의 부인이고 어머니라면 우선적으로 가정을 섬겨야 한다는 의미다. "집안일을 하며"라고 말한 것은 단지 집에서 게으름을 피우지 말라는 것이 아니라, 다른 일에 모든 에너지를 사용하려는 유혹에 맞서고 하나님이 주신 삶을 넘어서서 다른 삶을 찾지 말라는 의미다.

젊은 그리스도인 부인은 그 삶에 만족해야 한다. 그것은 우리 문화에서 특히 큰 도전이다. 전업 주부가 무시되는 경우가 많기 때문이다. 조지 밀러드는 영국 신문 〈업저버〉의 정치 담당 편집자였다가 지금은 전업 주부가 된 개비 힌슬리프가 쓴 책에 대해서 다음과 같이 비판했다.

당신이 힌슬리프처럼 출근 복장 대신에 앞치마를 두를 때 따르는 위험은 한때 역동적이던 "직장맘"이 갑자기 아무것도 아닌 존재 같은 느낌에 시달릴 수 있다는 것이다. 힌슬리프는 한때 '잘나가던 엄마들이 이제는 누군가의 부모'가 되어 학교 문에서 기다리는 것을 묘사했다. 그것은 아주 정확하다.[5]

우리 문화에서 사람들은 무엇을 하는가, 특히 직업이 무엇인가로 사람을 판단한다. 그래서 직업이 없는 여성은 "아무것도 아닌" 존재처럼 느낄 수 있다. 그러나 복음이 내리는 사람의 정의는 매우 다르다. 만일 당신이 직장에 다니지 않고 전업 주부라면 스스로를 부정적으로 규정하거나 그렇게 하고 있는 사람을 안다면, 디도서 2장 11-14절, 2장 4-5절을 읽어야 한다.

바울은 우리가 그리스도가 구속하시고 정결케 하신 그리스도의 백성이라고 말한다. 우리를 평가하고 정의내릴 수 있는 것은 오직 그리스도뿐이다. 당신은 그리스도의 보배로운 소유이기 때문이다. 복음을 통해 정체성을 부여받은 우리는 자유로워졌다. 그래서 단조로운 삶으로 인해 힘들 때도 있지만 항상 중요한 일인 자녀를 돌보고 자녀가 복음을 알게 키우는 일을 받아들일 수 있다.

:: 젊은 남자에게

젊은 남자를 향하여서 딱 한 가지를 권면한다. "젊은 남자들을 신중하도록 권면하되"(6절). 젊은 남자는 이 한 가지로 모든 것이 해결된다! 젊은 남자의 특징인 정욕, 야심, 조급함을 다스리려면 신중함이 필요하다.

그 다음에 바울이 디도에게 말한다. "범사에 (그들에게) 네 자신이 선한 일의 본을 보이며 교훈에 부패하지 아니함과 단정함과 책망할 것이 없는 바른 말을 하게 하라 이는 대적하는 자로 하여금 부끄러워 우리를 악하다 할 것이 없게 하려 함이라"(7-8절).

7절의 "그들"은 6절의 젊은 남자들을 가리킨다. 디도 자신도 젊지만, 다른 젊은이들에게 본을 보여야 했다. 그러므로 이 구절들은 젊은 남자들에게 주는 권면으로 해석할 수 있다. 디도는 "부패하지 아니함, 단정함, 바름"의 본을 보여야만 했다. 젊은 남자는 성장하고, 삶을 중시하고, 믿음을 중시하고, 책임질 줄 알아야 했다.

어느 순간 우리 사회는 십대 뿐만이 아닌 이십대도 어린 아이 취급을 한다. 그러나 그리스도인이라면 성경적인 남자의 삶을 살기 위해 노력해야 한다.

:: 종에게

마지막으로 종(우리 시대에는 직원)에게 주는 말이 있다. "종들은 자기 상전들에게 범사에 순종하여 기쁘게 하고 거슬러 말하지 말며 훔치지 말고 오히려 모든 참된 신실성을 나타내게 하라 이는 범사에 우리 구주 하나님의 교훈을 빛나게 하려 함이라"(9-10절).

바울의 이 권면은 바울이 1장에서 주의를 준 율법적 의무와 다르다. 종은 수동적으로 최소한의 시키는 일만 하고 그 이상은 안할 수 있다. 그러나 바울은 주인을 "기쁘게" 하라고 말한다(9절). 이것은 단지 최소한의 의무만 하는 것이 아니다. 종은 마음이 변화되어 완전히 다른 태도를 취해야 한다. 능동적, 적극적으로 주인을 위해 일해야 한다.

바울의 말은 일터에서 우리의 태도를 되돌아보게 한다. "나는 시키는 대로 최소한만 하는가, 아니면 능동적으로 고용주를 위해 일하는가? 능동적, 적극적으로 일하려면 어떻게 해야 할까?"

바울의 권면을 들으며 간과해서는 안 되는 것이 있다. 다른 사람이 나와 같아야 한다고 생각하지 말아야 한다. 내가 다른 사람들 같아야 한다고 생각하지도 말라. "나이에 맞게 행동하라"는 말은 정말로 좋은 조언이다. 단 여기서 '행동'은 성경에 따른 행동을 말한다. 당신이 이십대라면, 어린이처럼 게임만 하며 살지 말라. 이제는 가정, 일터, 교회, 동네에서 책임을 맡을 때다. 당신이 사십대나 오십대라면, 젊거나 몸매가 날씬하거나 외모가 아름답기만 바라며 시간을 보내지 말라. 현재의 삶을 살라. 당신의 나이를 즐기고 그에 맞게 해야 할 일들을 감당하라.

:: 절제와 순종

앞서 여러 계층의 사람들에게 어떤 다른 권면을 해야 하는지 살펴보았다. 뿐만 아니라 공통점을 아는 것도 중요하다. 두 가지를 살펴보자. 첫째, 절제(self-control)다. 늙은 남자, 젊은 여자, 젊은 남자에게 모두 '절제'가 필요하다.

- 2절: "늙은 남자로는 절제하며"(self-controlled)
- 4-5절: "젊은 여자들을 교훈하되…신중하며(self-controlled"
- 6절: "이와 같이 젊은 남자들을 신중하도록 권면하되"(self-controlled)

6절은 "이와 같이"(similarly, 비슷하게)로 시작한다. 젊은 여자와 젊은 남자에게 주는 권면의 비슷한 점은 '신중'하라는 것이다. 1장 8절에서 장로도 신중해야 한다. 2장 11-12절에서 신중함의 비결을 찾을 수 있다. "하나님의 은혜가 나타나 우리를 양육하시되 … 신중함과 의로움과 경건함으로 이 세상에 살고." 모든 사람이 신중하고 절제해야 한다.

영국인은 감정을 억제한다고 알려져 있다. 심지어 그것을 덕목으로 여기기까지 한다. 그러나 이는 절제와 다르다. 감정을 느끼는 것은 옳은 일이다. 분노, 기쁨, 슬픔을 느끼는 것이 삶에 대한 적절한 반응일 때가 있다. 우리는 적절한 때와 장소에서 감정을 표현할 준비가 되어 있어야 한다.

그러나 감정 표출과 절제가 겸비되어야 한다. 우리의 감정이 자기중심적일 수 있기 때문이다. 성경은 즐거워하는 자들과 함께 즐거워하고 우는 자들과 함께 울라고 말한다(롬 12:15). 만일 당신이 너무 즐거워서 다른 사람들이 울 때 함께 울지 못하거나 당신이 너무 슬퍼서 다른 사람들이 즐거워할 때 함께 즐거워하지 못한다면 당신의 정서는 너무 자기 자신에게 집착하고 있고, 통제되지 않고 있으며, 감정의 지배를 당하고 있는 것이다.

혹은 분노의 경우를 생각해 보라. 성경은 하나님의 분노에 대해 말한다(예: 신 6:15, 시 74:1, 롬 2:8). 예수님은 종교인들의 냉담함에 분노하셨다(막 3:5). 따라서 분노도 옳은 감정일 수 있다. 그것은 죄악에 대한 적절한 반응이다. 하나님의 진노는 죄에 대한 신중하고 일관된 반응이다. 만일 우리가 분노하는 일이 전혀 없다면, 냉담한 것이고, 그것은 사랑이 아니다.

그러나 인간의 분노는 왜곡될 때가 많다. 우리는 엉뚱한 것에 분노하거나 잘못된 방법으로 분노를 표출한다. 우리의 분노는 절제되지 않는다. 그러나 절제된 분노는 정의와 자비를 추구한다. 절제가 결여된 분노는 복수나 카타르시스를 원한다.

우리는 감정에 지배되지 말아야 한다. 감정 때문에 임무를 등한시하면 안 된다. 다른 그리스도인이 실족해 낙심하면 실망이 크겠지만 그래도 포기하지 말라. 비극이 닥치면 슬프겠지만 그래도 교회를 떠나지 말라. 누가 당신에게 잘못하면 심기가 뒤틀리겠지만 그래도 그 감정에 지배되지 말라.

두 번째 공통 덕목은 '순종'이다. 디도서 2장 5절은 젊은 아내들에게 "자기 남편에게 복종"하라고 한다. 9절에서 디도에게 "종들은 자기 상전들에게 범사에 순종하여 기쁘게 하고 거슬러 말하지 말도록" 가르치라고 한다. 3장 1절에서 바울은 디도에게 "너는 그들로 하여금 통치자들과 권세 잡은 자들에게 복종하며 순종하게" 하라고 한다.

그리스도인이 부활의 새 시대에 들어갔으므로 현시대의 국가나 가정에 대한 의무로부터 자유롭다는 견해에 바울이 맞서고 있는 것인지도 모른다. 그것은 우리가 하나님 나라에 속하기 때문에 지나가는 세상 위계 구조에 순종할 필요가 없다는 견해다. 신학자들은 이를 과도한 종말론이라고 한다. 종말론은 마지막 때에 대한 교리이고, 마지막 때는 예수님의 부활과 더불어 역사 속에 이미 시작되었다.

그러나 그리스도인은 만물이 구속되고 새롭게 되는 것을

여전히 고대하고 있으며 아직 거기에 완전히 도달하지 않았다 (롬 8:18-25). 과도한 종말론은 그리스도의 재림 때 일어날 일이 현재 일어나기를 기대한다. 따라서 바울의 복종하라는 말은 그러한 과도한 종말론을 반박하는 것일 수 있다.

:: 세상 문화와 다르면서도 호소력 있게

절제와 복종은 세상 문화와 매우 다르다. 그것은 그레데의 문화와도 달랐다. 앞서 "그레데인들은 항상 거짓말쟁이며 악한 짐승이며 배만 위하는 게으름뱅이"라는 것을 살펴보았다 (딛 1:12). 그들은 말, 감정, 식욕을 다스리지 않았다. 절제와 복종은 오늘날의 문화와도 다르다. 서구 문화는 절제 대신에 자기 표현을, 자기 부인 대신에 자아 성취를, 복종 대신에 독립성을 중시한다. 사실, 절제와 복종은 아담과 하와가 충동과 욕망대로 하나님이 금지하신 과일을 먹기로 했을 때부터 세상 문화와 상반되었다.

절제하고 올바른 복종을 하려면 문화에 역행해야 한다. 그러므로 이제 와서 우리 문화 속에서 인기가 없고 불신받는 일이라고 해서 하지 않을 이유가 없다. 사람들은 그리스도인이 절제와 복종에 대해 말하는 것을 좋아하지 않는다. 그리고 우리도 그런 지적을 들을 때면 민감해지곤 한다. 그래도 바울은 젊은 여자들에 대해 "자기 남편에게 복종하게 하라 이는 하나님의 말씀이 비방을 받지 않게 하려 함이라"(2:5), 그리고 "종들은 자기 상전들에게 범사에 순종하여 … 이는 범사에 우리 구주 하나님의 교훈을 빛나게 하려 함이라"(9-10절)라고 말한다.

복종에 관하여 인과관계를 나타내는 "이는"에 주목하라. 원인은 복종이고 결과는 선교 사명이 이루어지는 것이다. 우리가 절제와 복종에 대해 말하면 사람들이 좋아하지 않을지라도, 우리가 그런 삶을 살면 사람들이 좋아한다. 부부 사이에서 남편이 머리라고 기독교에서 가르치는 것을 싫어하는 비신자라도 그리스도인 부부가 그렇게 사는 것을 보면 좋아한다. 기독교 윤리가 사람을 구속한다고 느끼는 비신자라도 그리스도인이 그렇게 사는 것을 보면 기독교에 매력을 느낀다. 왜냐하면 복음의 삶은 선량하기 때문이다. 그러한 선한 삶, 문화와 상반된 삶으로 우리는 문화에 구주 하나님을 알릴 수 있다.

:: 선한 삶의 환경

디도서 2장 1-10절은 복음이 이루는 선한 삶의 내용에 대해 말한다. 더불어 어떤 환경 속에서 선한 삶을 살아야 하는지도 말한다. 사람들이 서로를 제자 양육하는 환경이 필요하다. 제자 양육이 이루어지는 환경의 중심은 제자 훈련 코스나 제자 훈련 책을 읽는 것이 아니라, 그리스도인 가정의 일상생활이다.

그것은 생물학적 가정과 유사하다. 생물학적 가정의 환경 속에서 자녀가 양육되듯이, 그리스도인도 교회 가족이라는 환경 안에서 양육된다. 거기에 여러 프로그램, 정기적 일대일 모임 등이 포함된다. 그것은 부모가 자녀와 성경을 읽거나 기도하는 시간을 정해 놓는 것과 같다. 그러나 부모는 또한 수많은 즉석 상호작용을 통해서도 자녀를 양육한다. 즉 함께 바깥 활동을 통해 시간을 보낸다. 자녀의 나쁜 행동을 지적한다. 부모가 하는 봉사 활동에 자녀를 데려간다. 가정의 특별한 행사 준비를 의논한다. 자녀의 질문에 대답해 준다. 부모가 자녀에게 질문한다. 부모가 자녀를 잘 양육하려면 뜻밖의 상황에 잘 대응해야 할 뿐 아니라, 매우 주도면밀해야 한다. 자녀의 삶에서 벌어지는 사건들을 자녀의 인격 형성 기회, 복음을 가르치는 기회로 삼아야 한다.

교회에서 제자 양육하는 것도 마찬가지다. 서로 만나서 성경을 공부하고 함께 기도하는 정해진 시간을 가질 수 있다. 또한 삶을 나누어서 젊은 그리스도인들이 성숙한 그리스도인의 선한 삶의 모델을 보게 하고, 성숙한 그리스도인이 젊은 그리스도인의 삶에 영향을 미치는 기회를 가져야 한다. 가정이 해체되는 현시대에는 이러한 기회가 더 많이 주어져야 한다. 역기능 가정 출신의 젊은이들이 남편, 아내, 부모가 되기 전에 그리스도인의 합당한 가정생활을 경험해야 한다.

그와 같이 예수님도 식사를 하시며, 길을 걸으시며, 일어난 사건에 대해 이야기를 통해 제자들을 훈련하셨다. 바울도 데살로니가전서 2장 8절에서 말한다. "우리가 이같이 너희를 사모하여 하나님의 복음뿐 아니라 우리의 목숨까지도 너희에게 주기를 기뻐함은 너희가 우리의 사랑하는 자 됨이라."

바울은 삶을 나누는 것을 바탕으로 하여 그 속에서 복음을 나누었다. 당신의 삶을 나누고, 다른 사람들의 삶에 동참하면, 사람들이 당신에게서 그리스도인의 삶의 살아 있는 모델을 보게 되고, 당신도 다른 사람들의 삶에서 그리스도인의 삶의 살아 있는 모델을 본다. 설령 당신이 부르심대로 선한 삶을 사는 데 실패하더라도 그것은 배움의 기회가 된다. 그런 상황 속에서 당신은 하나님의 은혜를 믿는 모범을 보여 주어야 한다. 하나님은 은혜로 실족한 자를 일으켜 주시기 때문이다.

분명 리더의 역할은 중요하다. 결국, 바울도 디도서를 교회 리더에게 쓰고 있다. 에베소서 4장 11-12절에 따르면, 교회 리더의 역할은 "성도를 온전하게 하여 봉사의 일을 하게 하며 그리스도의 몸을 세우는" 것이다. 디도서 2장에서 바로 그런 일이 이루어지고 있다. 디도에게 제자를 양육하여 그들이 또 다른 사람을 제자를 양육하게 하라고 한다.

제자 양육은 공동체 안에서 이루어진다. 그리스도인은 한 마리의 동떨어진 양이 아니다. 우리는 양 떼 속에서 거한다. 그렇게 공동체를 기반으로 하는 제자 양육의 중요한 특징은 여러 세대를 아울러 이루어진다는 것이다. 디도서 전체가 연장자가 젊은이의 믿음과 사역을 북돋는 것이다. 여기 디도서 2장 3-4절에서 바울은 늙은 여자가 선한 것을 가르치고 삶으로 살아내서 젊은 여자를 "권하고" "훈련하기를" 바란다. 그것은 세대 간에 이루어지는 제자 양육이다.

:: 노인을 공경하라

"장로"(elders)라는 용어가 이 점을 강조한다(1:5). 많은 사람들은 장로를 단순히 교회의 리더라고 생각한다. 그러나 그것은 정확히 "연장자"를 의미한다. 그렇다고 해서 교회에서 가장 나이가 많은 사람을 리더로 세워야 한다는 의미가 아니다. 성경이 말해 주는 장로의 자격은 나이가 아니라 인격에 있기 때문이다(1:6-9). 모든 연장자가 장로가 되어야 하는 건 아니다. 젊다고 장로가 못 되는 것도 아니다. 바울은 교회 리더인 디모데에게 아무도 연소함을 업신여기지 못하게 하라고 했다(딤전 4:12, 디모데는 필시 30대였을 것이다!) 그래도 사실 대체로 장로는 연장자다. 그들은 삶과 신앙생활에 있어서 노련하다. 또한 적절한 권위를 가졌다.

그래서 디도서 2장에서 바울은 다음과 같은 공동체의 그림을 그린다.

• 늙은 남자와 늙은 여자가 젊은 남자와 젊은 여자를 가

르친다.

- 젊은 사람들은 늙은 사람들에게 조언을 구한다.
- 늙은 사람들이 젊은 사람들에게 모범이 된다.
- 젊은 사람들이 늙은 사람들의 지시에 복종한다.

이러한 공동체에서는 나이와 경험이 중요하다. 따라서 이 본문을 이렇게 적용해 볼 수 있다.

- 젊은이는 자신을 제자 양육해 줄 사람을 찾는다.
- 연장자는 제자 양육을 할 사람을 찾는다.
- 중간에 있는 사람은 둘 다 한다!

이것도 세상 문화와 매우 다르다. 이 시대 문화는 젊음과 개인의 자유에 몰두한다. 노인의 자리는 어정쩡하다. 연로한 부모는 해결해야 하는 문제거리로 간주된다. 젊은이들이 트렌드를 결정하고, 무엇이 중요한지 규정한다. 우리는 오래된 것보다 새 것을 선택한다.

이것을 생각해 보라. 어떤 사람에게 "늙었다"고 하거나 "노인"이라고 부른다면 부정적인 말을 한 것이 된다. 그것이 농담이더라도 그것이 농담이 될 수 있다는 건 우리의 문화 속에서 늙은 것은 나쁘다는 것이다. 이건 정상이 아니다! 과거에는 그렇지 않았다. 세계 어떤 지역도 그렇지 않다. 나는 중동에서 살았던 부부를 안다. 그들은 본국에 돌아오고 나서 연장자에 대한 태도가 매우 다른 것에 충격을 받았다. 중동 지역에서는 노인을 철저히 공경하기 때문이다. 젊은이들은 노인에게 먼저 말을 걸지도 못한다. 노인이 먼저 젊은이에게 말해야 한다. 서구 문화 속으로 돌아온 나의 친구들은 젊은이들이 연장자나 부모를 어떻게 대하는지 보면서 마음이 불편했다. 성경에서 권하는 태도는 그 부부가 본국에 돌아와서 본 것보다 중동 지역에서 본 것과 비슷하다. "백발은 영화의 면류관이라"(잠 16:31), "너를 낳은 아비에게 청종하고 네 늙은 어미를 경히 여기지 말지니라"(잠 23:22).

성경이 말해 주는 노인에 대한 태도는 서구 문화와 다르다. 그러나 이미 우리는 디도서 1장에서 복음이 문화와 다를 때 그리스도인은 복음의 편에 서야 함을 배웠다. 좋은 삶을 위해 하나님이 주시는 배경 공동체는 노인이 "존경받을만한 삶을 살았고"(딛 2:2, 개역개정에서는 "경건하며"), 공경을 받고, 하나님이 뜻하신 선한 삶을 어떻게 살지 젊은이를 가르치는 곳이다.

어느 순간 우리 문화는 아버지나 어머니로부터 훈계받기를 꺼리는 문화가 되었다. 그러나 우리는 연장자에게 지도받기를 원해야 한다. 본문 말씀은 믿음의 아버지나 어머니를 찾으라고 권한다.

말할 필요도 없이, 제자 양육은 대체로 남자가 남자를, 여자가 여자를 대상으로 해야 한다. 디도는 "늙은 남자를 가르치고"(2절), "늙은 여자를 가르치고"(3절), "젊은 남자를 격려하고"(6절), "종을 가르쳐야"(9절) 했다. 4절에서는 디도가 늙은 여자를 가르쳐 늙은 여자가 복음을 살아내게 한 후에 그 늙은 여자가 "젊은 여자들을 교훈해야" 한다고 말한다. 디도에게 가르치라고 하지 않은 유일한 그룹은 젊은 여자다. 유혹이나 부도덕의 가능성을 피하기 위해서일 것이다.

젊은 여자가 배우기 원한다면 늙은 여자를 통해 배워야 한다. 즉 늙은 여자가 교회에서 젊은 여자를 가르치는 책임을 맡아야 한다. 젊은 여자는 부부 사이, 어머니 역할, 전반적 삶을 지도해 줄 늙은 여자를 찾아야 한다.

:: 어떻게 서로를 제자 양육하는가?

당신은 존 밀러를 모를 것이다. 그러나 나는 당신에게도 존 밀러 같은 사람이 있기를 바란다. 존 밀러가 나에게 해 준 것 같은 일을 당신에게 해 주는 사람이 있기 바란다. 그리고 당신이 남에게 존 밀러 같은 사람이 되기를 바란다.

존은 우리 부부가 쉐필드로 옮기기 전에 참여했던 런던의 교회 개척을 이끌었다. 그는 내가 리더로서, 그리스도인으로서, 남자로서 발전하는 데 큰 역할을 했다. 그때 나는 결혼한 지 3년째였고, 우리 부부는 새 집을 샀다. 나는 존을 찾아가서 DIY, 차, 삶 등에 대한 조언을 구했다. 우리가 처음에 같이 한 일은 우리 집의 우수관을 바꾼 것이었다.

존과 나는 교회를 함께 이끌었다. 그러나 그가 나보다 열 살이나 많았기에 그가 더 지도적 역할을 했다. 우리의 의견이 다를 때, 나는 그의 의견을 따랐다. 왜냐하면 그의 지혜를 믿었기 때문이다. 그는 나의 설교에 지대한 영향을 미쳤고, 나는 새로운 것을 시도해 보고, 기존에 하던 일을 사명을 위해 바꿀 줄 알게 되었다.

우리는 둘 다 교회 일 외에 풀타임 직업이 있었고, 나는 그가 희생적으로 사역하는 것을 보았다. 그는 출퇴근 기차 안에서 설교를 준비하곤 했다. 무엇보다도, 그는 어떻게 기도하는지를 내게 가르쳐 주었다. 존에게 기도는 단지 의무가 아니었다. 그는 모든 것이 하나님께 달린 듯이 기도했다. 실제로 그렇게 믿었기 때문이다. 그가 나에게 미친 영향에 대해 하나님께 감사한다. 젊은 나에게 그는 디도서 2장에 나오는 연장자였다. 지금 나는 내가 다른 사람들에게 그러한 연장자이기를 원한다. 당신이 새신자든, 교회를 인도하고 있든, 다른 어떤 상황에 있든, 디도서 2장은 존 밀러 같은 사람을 찾고, 존 밀러 같은 사람이 되라고 격려한다. 우리가 생각하는 것보다 훨씬 더 우리는 앞 세대의 사람이 필요하다.

왜냐하면 곧 (아니면 바로 지금) 당신은 이런 생각이 들 것이기 때문이다. "이걸 어떻게 해야 하지? 제자 양육을 어떻게 해야 하지? 어떻게 내가 젊은 여자를 가르치는 연장자 여자가 될 수 있을까? 영적 아버지가 된다는 의미가 뭘까?"

7-8절은 디도가 어떻게 해야 할지 알려 준다. "범사에 네 자신이 선한 일의 본을 보이며 교훈에 부패하지 아니함과 단정함과 책망할 것이 없는 바른 말을 하게 하라."

여기에서 두 가지를 볼 수 있다. 첫째, 본을 보이라. 당신의 삶을 열라. 집에 사람들을 초청하라. 당신이 하는 일에 사람들을 참여시켜라. 당신이 어떻게 사는지 사람들에게 보여 주어라. 당신의 결혼 생활과 자녀 양육을 사람들에게 보여 주어라. 물론 당신이 항상 경건한 행동의 모델이 되지는 못할 것이다. 그러나 이미 말했듯이, 그런 경우에는 하나님의 은혜를 누리는 모범을 보여 줄 수 있다.

이건 단지 성경만 가르치는 게 아니다. 또한 케이크 굽기, 예산 관리, 자동차 윤활유 체크, 선반 달기, 이력서 쓰기를 가르치는 것이다. 교회의 좋은 점은 영원만이 아니라 오늘을 위한 "삶의 기술"도 배울 수 있다는 것이다.

둘째, 복음을 가르쳐라. 계획해서 함께 성경을 공부하거나 신앙 서적을 읽을 수도 있지만, 이것은 대체로 즉흥적으로 질문에 대답하거나 행동을 고쳐 주거나 사건을 토론하는 것을 통해 이루어진다.

바울은 건강하게 복음을 가르치는 것의 특징에 대해 말한다. 우리는 "부패하지 아니함"으로 사람들을 가르쳐야 한다 (7절). 즉, 우리는 우리가 가르치는 대로 살아야 한다. 우리는

'단정함'으로 가르쳐야 한다. 즉, 우리는 우리가 가르치는 내용을 좋아하고 있으며 그것이 우리에게 중요하다는 것을 보여 줘야 한다. 그리고 우리는 "바르게" 혹은 "건강하게" 가르쳐야 한다(8절). 곧, 영적, 정서적으로 건강하게 해줄 것을 가르치라는 의미다.

어떻게 좋은 삶을 살아야 하는지 말하라. 바울이 1-10절에서 그렇게 한다. 또한 왜 그런 좋은 삶을 살아야 하는지 말해 줘야 한다. 바울이 이제 11-15절에서 그것을 말할 것이다.

05

●

은혜와 영광: 나타남과 능력

딛 2:11-15

●

그가 우리를 대신하여
자신을 주심은 …우리를 속량하시고…
자기 백성이 되게 하려 하심이라

디도서 2장 1-10절에서 바울은 디도가 그레데교회에 이루어야 할 선한 삶의 내용과 그레데 교인들이 제자 양육되어야 할 좋은 환경이 무엇인지 알려 주었다. 이제 바울은 그 선한 삶의 원천에 대하여 말한다.

먼저 바울은 "가르쳐야 할 것"에 대해 말한다(15절). 이 구절들은 우리가 서로에게 제자 양육해야 할 것이 무엇인지 말해 준다. 1-10절에 보이는 바와 같이 서로에게 절제하고 복종하길 힘써야 한다. 무엇보다도 우리는 11-14절에 있는 것과 같이 하나님의 은혜와 영광을 서로에게 가르쳐야 한다.

1-10절은 선한 삶이 어떤 것인지 보여 준다. 그러나 그 명령을 (다른 사람이나 자신에게) 앵무새처럼 되풀이하는 것은 소용이 없다. 그것은 가령 다음 대화의 예와 같을 것이다.

A: "넌 절제해야 돼."

 B: "난 못해."

 A: "넌 더 노력해야 돼."

그것은 옳은 방법이 아니다. 그것은 변화를 일으키는 소식이 아닌 정죄일 뿐이다. 그러나 그리스도 예수 안에 있는 자에게는 정죄가 없다(롬 8:1). 우리의 제자 양육의 핵심은 하나님의 은혜와 영광이다.

:: 은혜와 영광

디도서 2장 11-14절을 살펴보면 바울은 우리가 두 번의 "나타남" 사이에 산다고 말한다. "하나님의 은혜가 나타났다"(11절, 과거형). "복스러운 소망과 우리의 크신 하나님 구주 예수 그리스도의 영광이 나타나심을 기다리게 하셨다"(13절, 미래형). 먼저 하나님의 은혜가 나타났고, 앞으로 하나님의 영광이 나타날 것이다.

바울이 말한 이 두 번의 나타남은 예수님의 두 번 오심에 대한 것이고, 그 두 사건 사이에서의 삶이 왜 중요한지를 가르쳐 준다. 그런데 그 두 사건을 묘사하는 바울의 단어가 의미심장하다. 바울은 은혜의 나타남과 영광의 나타남이라고 말한다. 곧, 예수님의 성육신, 죽음, 부활은 은혜의 나타남이다. 일련의 그 사건들이 은혜로 요약된다. 그리고 앞으로 있을 예수님의 재림은 영광으로 요약된다.

예수님의 재림이 영광의 사건이라는 것은 본문을 잘 읽어 보면 확연히 드러난다. 처음에는 13절이 모호해 보인다. "우리의 크신 하나님 구주 예수 그리스도의 영광이 나타나심"이라고 했는데, "우리의 크신 하나님 구주"가 두 위격(성부와 성자)을 나타내는가, 아니면 한 위격을 나타내는가? 만일 한 위격이라면, 아들 하나님인가, 아버지 하나님인가?

첫 번째 가정으로 성부와 성자의 두 위격을 나타낸다고 해 보자. 그런 가정 하에서는 이렇게 해석된다. "[첫째로] 우리의 크신 하나님 [즉 성부 하나님] [그리고 둘째로] [우리의] 구주 예수 그리스도의 영광이 나타나심."

다시 말해서, 성부 하나님과 성자 하나님의 영광이 나타난다는 것이다. 그러나 이 해석은 가능성이 낮다. 헬라어를 문자 그대로 보면 "우리의 크신 하나님과 구주"다. 그때 정관사 'the'가 하나뿐이며 "하나님"과 "구주"에 모두 해당된다. 더구나 신약 다른 곳에 하나님 아버지께서 예수님의 재림 때 함께 오신다는 얘기가 없다.

두 번째로, 이 구절이 예수님 한 분을 가리킨다고 볼 수 있다. 그러면 그 의미는 "우리의 크신 하나님이시며 구주이신 예수 그리스도의 영광의 나타나심"이다. 즉 바울은 한 사람의 나타남에 대해 말하고 있고, 그 사람은 예수님이다. '하나님'

과 '구주'는 모두 예수님을 가리킨다. 예수님이 재림 때에 나타나실 것이며 "크신 하나님 구주" 바로 다음에 예수님의 이름이 나온다. 다만 문제는 바로 몇 구절 후에 바울이 "구주 하나님"이라는 말을 반복하면서 하나님 아버지를 가리킨다는 것이다 (3:4).

엄밀히 말해서 바울은 예수님이 나타나실 것이라고 말하지 않았다. 물론 예수님이 친히 나타나신다는 것은 사실이다 (바울이 다른 곳과 디도서 3장에서 그렇게 말한다). 그러나 이 구절에서 바울이 나타난다고 말하는 것은 하나님의 '영광'이다. 분명히 바울은 예수님의 나타나심을 염두에 두고 있지만, 그것을 "우리의 크신 하나님 구주 예수 그리스도의 영광이 나타나심"이라고 표현한다. 그러고 나서 바울은 하나님의 영광이 예수님이라고 말한다.

따라서 세 번째 해석이 좋다. 그것은 2장 13절이 하나님 아버지 한 분을 말한다는 것이다. 아버지의 영광이 역사의 마지막에 나타날 것인데, 그것은 예수 그리스도시다. 따라서 이 구절의 의미는 "우리의 크신 하나님 구주이신 [하나님 아버지의] 영광이 나타나심, [그리고 하나님의 아버지의 영광은] 예수 그리스도 [이시다]"이다. 이것은 몇 절 후 3장 4절에서 하나님 우리 구주를 말할 때와 일치한다. 하나님의 성품(자비와 사랑)이 예수님 안에 나타난다. 2장 13절과 3장 4절 모두에서 하나님의 특징(2:13의 영광, 3:4의 자비)이 나타난다. 그것들이 예수님 안에 나타난다.

예수님의 초림은 은혜였다. 예수님의 생애, 죽음, 부활 속에서 우리는 하나님 아버지의 은혜를 본다. 몇 절 후 3장 4-5절에서 바울이 그것을 말한다. "우리 구주 하나님의 자비와 사람 사랑하심이 나타날 때에 우리를 구원하시되 우리가 행한 바 의로운 행위로 말미암지 아니하고 오직 그의 긍휼하심을 따라 … 하셨나니." 예수님의 초림으로 하나님의 은혜가 나타났다.

한편 예수님의 재림은 영광의 나타남일 것이다. 예수님의 재림을 통해 우리는 하나님 아버지의 영광을 볼 것이다. 역사의 큰 두 사건(예수님의 초림과 재림)은 각각 하나님의 은혜와 하나님의 영광을 보여 준다.

은혜와 영광의 이 패턴은 예수님이 재림에 대해 말씀하신 것과 일치한다. 유대인들은 하나님이 단 한 번만 오시는 줄 알았다. 예수님이 오셨을 때 예수님 사역의 많은 특징들이 유대인들의 기대와 일치했다. 예수님은 병, 악, 죽음을 다스리는 권세를 가지셨다.

그러나 유대인의 기대와 일치하지 않는 특징도 있었다. 예수님은 멸시와 거절을 당하셨다. 예수님은 그것을 하나님 나라가 두 단계에 걸쳐 임하기 때문이라고 설명하셨다. 하나님 나라가 은혜로 임하여 구원을 주신다. 그러나 마태복음 13장의 가라지 비유와 그물의 비유로 주의를 주셨다. 하나님 나라가 은혜로 임했다고 해서 영광으로 임할 날이 없는 것은 아니다. 은혜가 이미 나타났고, 영광도 언젠가 나타날 것이다.

영광으로 오심은 위대할 것이며, 그리스도께 속한 자들을 위한 것일 것이다. 그러나 또한 기억할 것은 구약에서 하나님의 영광을 무서운 것으로도 본다는 것이다. 예를 들어, 모세가 하나님의 멋진 영광을 보고자 했다. 그러나 모세는 하나님의 영광이 지나간 뒤 후광만 볼 수 있었다. 그러지 않았다면 모세가 죽었을 것이다(출 33). 그리스도를 모르는 자들에게는 하나님의 영광이 임하는 것이 위험한 일이다.

처음 예수님이 은혜로 오신 이유는 장차 영광으로 오시는 것이 사람들에게 위험하지 않게 하시려는 것이었다. 예수님이 은혜로 임하신 것의 절정은 우리를 위해 죽으신 것이었다. "모든 사람이 죄를 범하였으매 하나님의 영광에 이르지 못하더니 그리스도 예수 안에 있는 속량으로 말미암아 하나님의 은혜로 값없이 의롭다 하심을 얻은 자 되었고 이 예수를 하나님이 그의 피로써 믿음으로 말미암는 화목제물로 세우셨기" 때문이다(롬 3:23-25).

:: 감춰진 것이 나타날 것이다

우리는 "그리스도의 다시 오심"이나 "재림"이라는 표현을 자주 사용한다. 그러나 바울은 대체로 "나타남"이라는 단어를 사용한다(골 3:4, 딤전 6:14, 딤후 4:8). 신약성경에서는 그리스도의 오심보다 그리스도의 나타나심이라고 더 자주 표현한다. 그 의미는 그리스도가 지금 하늘에서 다스리시고 영화롭게 되셨다는 것이다. 그러나 그 통치와 영광이 현재는 감춰져 있다. 세상을 둘러보면, 세상이 예수님의 권위 아래 있지 않은 것 같다. 그러나 어느 순간 그분의 영광이 드러날 것이다. 언젠가 모든 무릎이 예수님 앞에 꿇을 것이다(빌 2:10). 지금 감춰져있는 사실이 언젠가 드러나 모두가 볼 것이다(계 1:7, 욥 19:25-27). 그리스도가 오실 때, 우리가 새로운 것을 보는 것이 아니라, 지금 못 보던 것을 보게 될 것이다.

그리고 그날 우리도 그분과 함께 영광 중에 나타날 것이다. 골로새서 3장 3-4절에서 바울이 말한다. "이는 너희가 죽었고 너희 생명이 그리스도와 함께 하나님 안에 감추어졌음이라 우리 생명이신 그리스도께서 나타나실 그때에 너희도 그와 함께 영광 중에 나타나리라."

어떤 사람이 그리스도인이 될 때, 성령께서 새생명을 주신다. 그 새생명이 없으면, 디도서 1장 1-3절에서 보았듯이, 하나님께 믿음으로 응답할 수 없다. 믿음은 선물이고, 성령이 우리를 거듭나게 하셔서 믿음을 주신다. 성령님은 생명과 믿음을 주신다.

그러나 우리의 부활의 생명은 눈에 보이지 않는다. 인간의 모든 신체가 쇠퇴한다. 그러나 언젠가 새로워진 부활의 몸을 가질 것이고, 부활의 생명이 내적으로나 외적으로나 나타날 것이다. 우리는 예수님과 함께 영광 중에 나타날 것이다. 바울은 그것을 "복스러운 소망"(2:13)이라고 불렀다. 그리스도인에게는 즐겁고 행복한 미래가 준비되어 있다.

당신은 그 소망 때문에 행복한가? 우리는 현재의 문제와 쇠퇴하는 몸에 골몰하기 십상이다. 그래서 골로새서에서 바울이 우리의 감춰진 생명과 그리스도의 장차 나타나심을 가르치기에 앞서 이렇게 촉구했다. "그러므로 너희가 그리스도와 함께 다시 살리심을 받았으면 위의 것을 찾으라 거기는 그리스도께서 하나님 우편에 앉아 계시느니라 위의 것을 생각하고 땅의 것을 생각하지 말라"(골 3:1-2).

우리는 믿음으로 눈을 들어 현재의 문제가 아니라 하늘을 보아야 한다. 그곳에는 우리의 영광스러운 미래가 이미 현실이다.

:: 은혜와 영광 사이에서

바울의 표현이 인상적이다. 예수님의 오심이라고 말할 수도 있었겠지만 그렇게 말하지 않고, 은혜의 "나타남"과 영광의 "나타남"이라고 말한다. 디도서 2장 1-10절에 있는 선한 삶의 원천과 동기는 예수 그리스도 안에 계시되는 하나님의 은혜와 영광이다.

바울이 그것을 제시한 순서도 인상적이다.

1. 은혜가 나타났다(11절)

2. 은혜가 우리에게 무엇을 가르치는가(12절)

3. 영광이 나타날 것이다(13절)

4. 은혜가 우리를 어떻게 가르치는가(14절)

바울이 왜 이 순서로 말했는지 질문해 볼 필요가 있다. 왜 두 번의 나타남에 대해 말하고 나서 그것이 우리에게 가르치는 바를 말하지 않았을까? 왜 은혜가 우리에게 무엇을 가르치는가를 말하고 나서 한참 있다가 그 과정이 어떻게 이루어지는지 말했을까?

우리가 두 가지 나타남 사이에서 어떻게 살아야 하는지 그 순서를 통해 알 수 있다. 본문에는 이러한 순서에 담긴 메시지가 있다. 우리의 행실은 두 번의 나타남 사이에 있다. 우리 삶의 행실은 그 두 번의 나타남 사이에서 이루어진다. 12절에서 "이 세상에"(현 시대에)라는 구절이 그것을 한층 더 강조해 준다. 우리는 11절을 뒤로 하고 13절을 앞에 바라보며 살아간다. 우리는 그 두 가지를 다 생각하며 산다. 은혜는 우리를 하나님의 심판에서 구원해 미래를 위해 준비하게 할뿐 아니라, 또한 현재 우리 삶의 모습을 빚는다. 복음은 마지막 날을 위한 좋은 소식일 뿐 아니라, 또한 내일을 위한 좋은 소식이다.

:: 선한 삶의 엔진

우리는 은혜의 나타남과 영광의 나타남, 그 둘 사이에서 산다. 그것은 우리에게 용기를 준다. 그러나 왜 바울이 이 두 가지 나타남을 말했는지 놓치지 말아야 한다. 은혜와 영광은 1-10절의 선한 삶을 위한 엔진과 같다. 바울은 디도에게 그 두 가지 나타남을 기억하여 가르치게 한다(15절). 디도는 그 진리들을 사용하여 사람들을 "권면하고 책망하여" 선한 삶을 살게 해야 했다.

바울이 은혜를 강조한 것을 오해하지 말라. 은혜는 우리가 뭘 하든 중요하지 않다는 의미가 아니다. 하나님이 어차피 용서하실 테니까 마음대로 살아도 된다는 게 아니다. 우리는 불경건과 세상적 정욕을 거부해야 한다. 그리고 절제해야 한다. 3가지 긍정문 덕목은 우리의 관계에 대한 것이다.

1. 우리 자신과의 관계에 있어서("절제")
2. 다른 사람들과의 관계에 있어서("의로움")
3. 하나님과의 관계에 있어서("경건함")

은혜는 우리의 정욕을 절제하고 다스리라고 가르친다. 다른 사람들을 "의롭게" "공정하게" 대하라고 말한다. 그리고 "경건하라고", 즉 하나님을 올바로 대하라고 부탁한다.

삶에 능력과 에너지를 주는 것은 하나님의 은혜다. 하나님의 은혜가 우리를 가르치는 스승이 된다. 사람들에게 선한 삶의 모습이 어떤 것인지 설명해야 할 때가 있다. 그때 1-10절을 떠올리라. 그러나 사람들이 선한 삶을 실제로 살기를 바란다면, 하나님을 위해 어떤 선을 행해야 한다고 강조하지 말라. 그 대신, 하나님이 그들을 위해 행하신 선을 강조하라. 그것이 어떻게 이루어지는지 13-14절에서 3가지를 강조하여 요약해 보자.

:: 새 소망

첫째, 우리는 선한 삶을 살면서 더 나은 삶을 기다린다. 우리는 "복스러운 소망과 우리의 크신 하나님 구주 예수 그리스도의 영광이 나타나심을 기다린다"(13절). 우리는 은혜가 나타났던 것을 뒤돌아본다. 그러나 13절이 강조하듯이 앞으로 있을 영광의 나타남도 고대한다. 그리스도인의 삶을 뒤에서 밀어 주고 앞에서 이끌어 주는 것이 있다. 뒤에서는 놀라운 은혜가 우리를 밀어 주고 앞에서는 영광의 소망이 우리를 이끌어 준다.

그래서 바울이 사용하는 용어가 매우 의미심장하다. 살펴보았듯이, 바울은 그리스도의 재림이라고 말하지 않고, 영광의 나타남이라고 말한다. 우리의 복스러운 소망은 영광의 소망이다. 이 세상의 매력은 오는 세상의 보물에 비하면 그리 찬란하지 않다. 오는 세상의 기쁨에 비하면 죄의 쾌락은 큰 매력이 없다. 우리의 모델은 모세다. 그는 "도리어 하나님의 백성과 함께 고난 받기를 잠시 죄악의 낙을 누리는 것보다 더 좋아했다"(히 11:25). 왜 그런가? "그리스도를 위하여 받는 수모를 애굽의 모든 보화보다 더 큰 재물로 여겼으니 이는 상 주심을 바라봄이라"(히 11:26).

이 "영광"은 규정되지 않은 모호한 보상이 아니다. 우리는 디도서 2장 13절에서 그것이 뭔지 자세히 살펴보았다. 우리의 복스러운 소망은 하나님의 영광이 나타나는 것이고, 하나님의 영광은 예수 그리스도시다. 우리의 소망은 한 인격적 존재다.

12절에서 바울은 우리가 "경건하지 않은 것을 다 버려야" 한다고 말한다. 경건하지 않은 것이라는 뜻의 단어(아세베이아)가 로마서 1장 18절에서도 사용된다. 거기서 바울은 인간이 하나님의 영광을 우상과 바꾸었다고 말한다. 창조된 모든 것, 우리가 우상으로 숭배할 수 있는 모든 것보다 창조자가 더 나으시고, 더 충만하시고, 더 풍성하시다고 은혜가 가르친다.

영광을 바라본다는 것은 더 낫고, 더 충만하고, 더 풍성한 하나님의 영광을 바라보는 것이다. 죄가 주는 즉각적이고 가시적인 쾌락 대신에 하나님을 선택하기가 힘들 수 있다. 그것은 믿음의 행동이다. 그러나 믿음은 궁극적으로 그리스도 안에서 하나님이 항상 더 낫고, 더 충만하고, 더 풍성하다는 것

을 깨닫는다. 영광은 현재의 믿음의 성취, 실현, 정점이 될 것
이다.

　∷ 새 사랑

　둘째, 우리는 "우리를 대신하여 자신을 주신" 구원자를
기다린다(14절). 예수님이 나를 위해 자신을 주셨고 그 사랑이
우리 마음을 차지했다. 갈라디아서에서 바울이 말한다.

　　이제 내가 육체 가운데 사는 것은 나를 사랑하사 나를 위
　　하여 자기 자신을 버리신 하나님의 아들을 믿는 믿음 안
　　에서 사는 것이라(갈 2:20).

　왜 나는 아내를 섬기는가? 그렇게 해야만 하기 때문이
아니다. 나는 아내의 사랑을 얻으려 애쓸 필요가 없다. 아내는
이미 나에게 자신을 내어 주었다. 내가 아내를 섬기는 이유는
아내를 사랑하기 때문이다. 그리고 아내가 나를 사랑하기 때
문에 내가 아내를 더 사랑한다.

　왜 나는 구주를 섬기는가? 그렇게 해야만 하기 때문은
아니다. 나는 구주의 사랑을 얻으려 애쓸 필요가 없다. 구주는
이미 나에게 자신을 주셨다. 내가 구주를 섬기는 이유는 구주
를 사랑하기 때문이다. 그리고 구주가 나를 사랑하시기 때문

에 내가 구주를 더 사랑한다. "우리가 사랑함은 그가 먼저 우리를 사랑하셨기 때문이다"(요일 4:19).

:: 새 정체성

"그가 우리를 대신하여 자신을 주심은 모든 불법에서 우리를 속량하시고 우리를 깨끗하게 하사 선한 일을 열심히 하는 자기 백성이 되게 하려 하심이라"(딛 2:14). 우리는 그 구주를 기다린다. 우리는 누구인가? 하나님의 친 백성이고 선한 일을 하도록 깨끗해졌다. 당신은 누구인가? 하나님의 자녀이고 선한 일을 하도록 하나님의 아들의 피로 깨끗해졌고, 순결해졌고, 구별되었다. 바울이 출애굽기의 용어를 사용하여 새로운 출애굽이 약속되었다고 말한다(시 130:8, 겔 37:23 참조). 예수님이 자신을 주셔서 "우리를 속량하셨다"(딛 2:14). 그것은 노예를 해방시킬 때 쓰는 용어다. "자기 백성"(his own possession)(14절)은 출애굽기 19장 5절과 일치한다. 거기서 "너희는 … 내 소유(my treasured possession)가 되겠고"라고 말한다. 우리가 거룩하게 사는 것은 하나님의 보배로운 소유가 되었고, 하나님 아들의 피로 산 바 되었고, 죄의 종노릇에서 해방되어 하나님의 선하심을 세상에 보여 주는 새 삶을 살아야 하기 때문이다.

율법주의는 이렇게 말한다. "우리가 무엇을 하는가가 우리가 누구인가이다." 가령 만일 우리가 의로운 삶을 살면, 의로운 사람이 될 수 있다는 것이다. 그러나 복음은 그것을 거부한다. 복음은 의로워지는 것은 하나님의 선물이라고 선포한다. 즉 하나님의 은혜다. 아들 하나님이 대속하시고 성령이 새롭게 하셔서 아버지 하나님께서 우리가 누구인가를 은혜로 내려 주셨다.

그러나 은혜는 우리가 무엇을 하는가는 중요하지 않다는 반율법주의를 말하지 않는다. 우리가 무엇을 하는가로 우리가 누구인가가 결정된다는 율법주의를 올바로 고치려면 전후관계를 바꾸어야 한다. 즉 은혜는 우리가 누구이기 때문에 무엇을 한다고 말한다. 그것이 여기서 바울이 하는 말이다. 그리스도가 "자기 백성"을 만드셨다. 우리가 하는 일이 우리를 그리스도의 백성이 되게 하거나 안 되게 하지 않는다. 그러나 그리스도의 사람은 "선한 일을 열심히 한다." 우리가 선을 행하는 이유는 그리스도의 백성이 되기 위해서가 아니다. 그리스도가 우리를 자기 백성으로 만드셔서 선한 일을 열심히 하게 하셨기 때문이다.

영국 왕가의 모후에 대해 이런 이야기가 있다. 그녀의 딸인 엘리자베스 공주(현재의 엘리자베스 2세 여왕)와 마거릿 공주가 아직 어릴 때 파티에 가거나 어디에 방문할 때면 모후는 "왕가의 어린이는 왕가의 예의를 지킨단다"라고 일깨워 주곤 했다. 그들의 행동이 신분에 걸맞아야 한다고 일깨워 준 것이다. 신분이 먼저고 행동은 뒤따른다. 이 성경 구절도 그리스도인들

에게 그렇게 가르친다. 그리스도가 우리를 자기 백성으로 삼으
셨다. 그리스도 안에서 우리는 온 우주의 왕족이다. 그것은 잃
어버릴 수 없는 우리의 신분이다. 그래서 행동은 우리가 누구인
가와 일치해야 한다. 왕가의 자녀는 왕가의 예의를 갖춘다.

그래서 바울은 예수님이 "우리를 위하여 자신을 주셔서"
왕가의 자녀로서 왕가의 예절에 따라 살게 하셨다고 말한다.
그리스도가 우리를 위하여 자신을 주신 이유는 다음과 같다.

- 우리를 모든 불법에서 속량하시려고
- 우리를 깨끗하게 하사 자기 백성이 되게 하시려고

디도서 2장 14절의 이 두 가지 이유는 12절에서 말하는
부정문(버릴 것), 긍정문(어떻게 살 것인가)과 들어맞는다.

- "우리를 모든 불법에서 속량하시려고"는 "우리를 양육
  하시되 경건하지 않은 것과 이 세상 정욕을 다 버리
  고"와 들어맞는다.
- "우리를 깨끗하게 하사 자기 백성이 되게 하시려고"는
  "우리를 양육하시되 … 신중함과 의로움과 경건함으
  로 이 세상에 살고"와 들어맞는다.

왜 우리는 불경건을 거절하는가? 예수님이 우리를 불경

건에서 속량하셨기 때문이다. 왜 우리는 경건을 받아들이는 가? 예수님이 우리를 깨끗하게 하셨고 우리가 예수님께 속하기 때문이다.

선한 삶의 엔진은 우리의 구주로부터 오는 새 소망, 새 사랑, 새 정체성이다. "너는 이것을 말하고"(15절). 즉 이런 것들이 디도가 권면하고 책망하는 내용이어야 한다. 그 다음에 좀 이상하게도 바울이 "누구에게서든지 업신여김을 받지 말라"라고 말한다. 누구에게서든지 업신여김을 받지 않도록 복음으로 권면하고 복음 안에서 책망하라는 말은 뭘까? 복음의 요구를 축소시키고 복음을 희석하라는 압력에 굴하지도 말고, 할례파처럼 복음에 다른 것을 더 더하지도 말라는 것일 수 있다.

디도는 다른 사람들의 태도에 굴하지 말고 복음을 가르치기를 고수해야 했다. 혹은 디도 자신부터 자신이 설교하는 대로 살아서 사람들이 디도의 위선 때문에 디도를 업신여기는 일이 없게 해야 한다는 것일 수 있다(바울이 2장 7절에서 그렇게 말했다). 아마 양쪽 다인 것 같다. 디도는 언행일치의 삶을 살며 은혜의 복음을 가르치는 데 흔들리지 말아야 했다.

:: 선교적 삶의 엔진

11-14절은 1-10절의 선한 삶의 근거를 제시하는 것만이 아니다. 11절은 우리의 행실이 선교적 함축의미를 갖는다고

말한다. 바울은 이 장 전체에서 그러한 권면을 한다.

- 이는 하나님의 말씀이 비방을 받지 않게 하려 함이라 (5절).
- 이는 대적하는 자로 하여금 부끄러워 우리를 악하다 할 것이 없게 하려 함이라(8절).
- 이는 범사에 우리 구주 하나님의 교훈을 빛나게 하려 함이라(10절).

"이는"이 반복되는 것에 주목하라. 우리는 건전한 교리에 합당한 행실을 가져서 아무도 복음을 비방하지 않게 하고 복음을 사람들에게 빛나게 해야 한다.

11절은 그런 행실을 가져야 하는 이유다. 왜 우리 구주 하나님의 교훈을 빛나게 해야 하는가? 11절에 따르면, 하나님이 모든 사람에게 구원을 주시기 때문이다. ESV에서는 "하나님의 은혜가 나타나 모든 사람에게 구원을 주셨다"라고 말한다. NIV에서는 좀 더 부드럽게 말한다. "모든 사람에게 구원을 주시는 하나님의 은혜가 나타났다." 문자적으로 바울이 하는 말은 "하나님의 은혜가 나타나 모든 사람을 구원했다"이다.

그렇다면 바울이 보편구원론자란 말인가? 모든 사람이 구원받을 것이란 말인가? 우리는 신약을 잘 알기에 이 구절을 그렇게 이해할 수 없다는 것을 안다. 바울 등 신약 저자들은 많은 사람이 마지막 심판날에 정죄당할 것임을 분명히 알았다 (가령 살후 1:6-10). 이 구절을 문맥 속에서 읽어야 한다. 바울은 교회 안의 다양한 그룹에 대해 말했다. 마지막에는 종에 대해 말했다. 그리고 나서 이제 바울은 은혜가 모든 사람에게 구원을 준다고 말한다. 즉 바울은 방금 말한 각계각층의 사람들에 대해 말한 것이다. 은혜는 남녀노소, 자유인과 종을 불문하고 구원을 준다.

이는 매우 중요하다. 디도서 2장 11절이 영어로 "왜냐하면"(For)으로 시작하기 때문이다. 1-10절의 행실을 가져야 하는 이유를 여기서 말한다. 왜 늙은 남자는 절제해야 하는가? 다른 늙은 남자들에게 복음을 전하기 위해서다. 왜냐하면 그리스도께서 늙은 남자들을 구원하려고 오셨기 때문이다. 왜 늙은 여자가 거룩해야 하는가?

다른 여자들에게 복음을 전하기 위해서다. 왜냐하면 그리스도께서 여자들을 구원하려고 오셨기 때문이다. 왜 젊은 여자가 남편과 자녀를 사랑해야 하는가?

그들에게 복음을 전하기 위해서다. 왜냐하면 그리스도께서 남편들과 자녀들을 구원하려고 오셨기 때문이다. 왜 젊은 남자가 신중해야 하는가?

다른 젊은 남자들에게 복음을 전하기 위해서다. 왜냐하면 그리스도께서 젊은 남자들을 구원하려고 오셨기 때문이다. 왜 종들이 주인에게 순종해야 하는가?

주인들에게 복음을 전하기 위해서다. 왜냐하면 그리스도께서 주인들을 구원하려고 오셨기 때문이다. 이런 식으로 계속 적용해 볼 수 있다.

그레데의 문화는 술 취하고 방탕한 행동을 일삼는 것이 당연시 되었다. 오늘날의 많은 도시들이 이와 비슷하다. 분명히 바울의 메시지는 그런 생활에서 돌이키라는 것이다. 그러나 금욕적인 삶을 살라는 것은 아니었다. 즐거운 삶을 포기하고 지루한 삶을 살라는 것이 아니다. 바울은 더 큰 만족을 주는 구원의 삶을 제시했다.

여기서 바울의 논리를 이해하는 것이 중요하다. 바울은 그리스도인의 삶이 더 쉽다고 말하지 않았다. 그러나 바울은 그리스도 안의 새 삶에 비신자들이 매료되기를 바란다. 비록 그 삶이 세상 문화와 다르고 값을 지불해야 할 때가 많더라도 말이다. 사람들이 우리의 삶을 보고 "나도 저렇게 살고 싶어," "나도 저렇게 나이 들어가고 싶어"라고 말하게 해야 한다. 그들이 그리스도인의 삶에 매료되면, 우리가 전하는 복음에도 관심을 보이게 될 것이다.

하나님은 모든 사람을 구원하지 않으시지만, 모든 종류의 사람을 구원하신다. 따라서 우리도 모든 종류의 사람들에게 복음을 전하는 삶을 살아야 한다. 우리가 복음을 살아내고 복음을 전할 때 하나님이 택하신 자들이 누구인지 드러난다. 그들이 성령이 주시는 믿음으로 응답하기 때문이다. 그러한 일이 사도행전 13장의 비시디아 안디옥에서 일어났다. 비시디아 안디옥의 "온 시민이" 모여들어 바울과 바나바의 메시지를 들었다(행 13:44). 그래서 일어난 일은 "이방인들이 듣고 기뻐하여 하나님의 말씀을 찬송하며 영생을 주시기로 작정된 자는 다 믿더라"였다(48절). 바울이 도시 전체에 복음을 전했고, 하나님이 택하신 자들은 믿음으로 응답했다.

Part 3

민음의 경주 끝에
만날 열매를
기다리라

TITUS
FOR YOU
TIM CHESTER

●

자비와 새롭게 하심

딛 3:3-8a

●

우리로 그의 은혜를 힘입어 …
영생의 소망을 따라
상속자가 되게 하려 하심이라

당신은 하나님에 대해 어떻게 생각하는가? 하나님을 당신과 거리가 멀거나, 좀 가혹하거나 독단적인 분이라고 느낄지 모른다. 혹은 하나님이 당신을 용서하시고 참아 주시는 것같을 수 있다. 만일 '자비'라는 단어가 쉽게 다가오지 않는다면, 바울이 여기서 "우리 구주 하나님의 자비와 사람 사랑하심이 나타날 때에"라고 말하듯이 자비와 사랑의 하나님을 정말로 만나서 기뻐할 필요가 있다(3:4).

바울은 이 문단(4-7절은 헬라어 원문에서 한 문장)을 "이 말이 미쁘도다"라는 말로 끝낸다(8a). 4-7절에 대해 이렇게 말하는 것을 보면, 4-7절은 이미 있던 찬송가나 신조일 수 있다. 바울이 그것을 여기서 인용하며 동의하는 것일 수 있다. 우리는 이것을 읽고, 묵상하고, 신뢰하고, 여기서 계시하는 하나님을 찬양해야 한다. 하나님의 자비와 사랑이 나타났다.

:: 우리 자신에 대한 진실에 직면하기

하나님의 자비에 대한 서문으로 이렇게 말한다. "우리도 전에는 어리석은 자요 순종하지 아니한 자요 속은 자요 여러 가지 정욕과 행락에 종노릇한 자요 악독과 투기를 일삼은 자요 가증스러운 자요 피차 미워한 자였으나"(3절, 1-2절은 다음 장에서 살펴볼 것이다).

우리와 하나님의 관계는 엉망이었다. 우리는 "어리석은 자요 순종하지 아니한 자"였다. 성경에서 어리석은 자란 "그의 마음에 이르기를 하나님이 없다" 하는 자다(시 14:1). 어리석은 자란 꼭 무신론자라기보다 하나님이 존재하지 않으시는 것처럼 사는 사람이다. 불순종하는 사람은 하나님의 통치를 거절하고 자기 마음대로 살려고 하는 사람이다. 하나님을 거절하면 그 사람의 모든 면이 영향을 받는다.

- 우리의 생각- 어리석고 속았다
- 우리의 행동- 순종하지 않고 종노릇했다

그것이 우리의 책임이기도 했고 우리가 피해자이기도 했다.

- 우리의 책임 – 우리는 어리석고 순종하지 않았다
- 우리는 피해자다 – 우리는 속았고 종노릇했다

어떻게 이렇게 되었는가? 각 개인의 선택이 모여 우리를 속이는 집단적 문화를 만들어 냈다. 세상은 우리를 틀에 맞추려고 압력을 가하는데, 그것은 우리가 함께 만든 세상이다. 우리의 선택은 우리를 노예화하는 개인적 행동들이 모인 패턴을 만들어 냈다. 우리가 습관에 갇히지만, 그것은 우리의 행동으로 만들어 낸 습관이다. 그래서 결국 우리는 무력하게 되었다. 우리를 구원해 줄 사람이 필요하다. 사람들이 자신이 완전하지 않고 도움이 필요하다고 인정할 때가 있다. 그러나 우리에게 필요한 건 잠깐의 도움이 아니다. 우리는 완전한 구조가 필요하다.

우리는 하나님과의 관계가 엉망이므로 다른 사람들과의 관계도 엉망이다. 우리는 어리석게 불순종하며 "악독과 투기를 일삼은 자요 가증스러운 자요 피차 미워한 자였다"(딛 3:3). 악독은 다른 사람들에게 나쁜 일이 일어나기를 바라는 것이다. 투기는 다른 사람들에게 좋은 일이 일어나지 않기를 바라는 것이다.

당신은 이런 생각이 들지 모른다. "나는 여기서 자비와 사랑에 대해 얘기할 줄 알았는데 악의와 투기에 대해 말하고 있네요!" 누가 당신에게 이렇게 말한다고 상상해 보라. "너는 어리석고 이기적이고 잘 속아 넘어가고 모든 사람이 너를 싫어해." 그럴 때 당신은 "참 친절한 말이네요!"라고 반응하지 않을 것이다.

21세기 서구 문화는 자존감과 자아상에 집착한다. 나 자신이 중심이고 내가 나를 어떻게 느끼는지가 중심이다. 따라서 만일 어떤 사람이 타협하지 않는 진실을 말해서 위협감을 준다면, 그 사람이 나를 공격하는 것처럼 느낀다. 우리는 모두 멋진 사람들인 척 하면서 그 반대를 보여 주는 모든 증거는 무시하고 핑계를 댄다. 그러나 예수님이 주신 좋은 소식 때문에 이제는 가면을 쓸 필요가 없다. 늘 피곤하게 자기 이미지를 관리하려 하고 가장 멋지게 보이려 애쓰지 않아도 된다.

하나님의 놀라운 자비와 사랑을 이해하려면 하나님 없는 삶의 모습을 직면해야 한다. 우리는 미움을 받고 남을 미워한다. 3, 4절을 읽어 보라. 먼저 우리 마음을 깊이 들여다봐야 하나님의 높은 경지에 도달할 수 있다.

:: 하나님의 자비에 대한 진리 누리기

4-7절이 헬라어 원문으로 한 문장인데 거기서 "(우리를) 구원하시되"(5절)가 동사다. 우리는 정죄, 심판, 죽음에 직면해 있었다. 우리가 할 수 있는 것은 아무것도 없었다. 우리는 속았고 종노릇했다. 우리는 무력하고 속수무책이었다. 그러나 그분

(그리스도)이 우리를 구원하셨다.

당신은 찬반양론을 열거해 본 후에 결정하는 편인가? 하나님이 찬반양론을 열거해 보신 후에 우리를 구원할지 말지 결정하신다고 상상해 보자. 구원을 반대하는 쪽에는 무엇이 있을까? 하나님이 우리를 정죄하셔야 할 이유는 무엇일까? 우리는 어리석고, 순종하지 아니하고, 속았고, 종노릇했고, 악독하고, 투기하고, 남에게 미움받고, 남을 미워했다. 우리가 구원받아야 한다고 "찬성"하는 쪽에는 무엇이 있을까? 하나님이 우리를 구원하셔야 할 이유가 무엇일까? 아무것도 없다. 하나님이 우리를 구원하셔야 할 이유가 없다. 그러나 그때 하나님이 "나의 자비, 나의 사랑, 나의 긍휼"이라고 쓰셨다.

하나님이 우리를 보실 때, "꼼꼼이 살피면 그들은 그리 나쁘지 않아"라고 생각하시지 않았다. 하나님이 우리를 보시고서 "그들은 가능성이 있어"라고 생각하시지 않았다. 하나님은 우리에게서 어리석음, 불순종, 악독, 투기, 미움을 보셨다. 하나님은 우리를 영원히 정죄해야 할 천만가지 이유를 보셨다.

그러나 하나님의 자비와 사랑으로 우리를 구원하셨다. "우리가 행한 바 의로운 행위로 말미암지 아니하고 오직 그의 긍휼하심을 따라" 하셨다(5절). 하나님이 당신의 미래에 대한 페이지에 "나의 자비, 나의 사랑, 나의 긍휼"이라고 쓰셨다.

" ~이기 때문에 우리를 구원하셨다"고 한다면, " ~이기 때문에"가 중요하다. 하나님이 우리를 받으시는 이유, 우리의 확신의 근거, 우리의 소망의 기반이 그것이다. 이 질문을 해볼 가치가 있다. "하나님이 나를 받으시는 이유는 …"이라는 문장을 어떻게 완성해야 할까?

모든 사람이 그 질문에 어떤 식으로든 대답할 것이다. 그러나 만일 내가 한 어떤 일 때문에 내가 구원받을 것이라고 생각한다면, 나는 아직 구원받지 않은 것이다. 그럴 때는 구원의 확신을 가질 수 없다. 우리가 하나님께 받아들여지는 것은 "우리가 행한 바 의로운 행위로 말미암지 않는다"(5절). 구원의 믿음을 가지려면 자신을 믿지 말아야 한다. 하나님 외의 다른 모든 것에 대한 믿음을 없애야 한다. "우리를 구원하시되 … 오직 그의 긍휼하심을 따라" 구원하셨다. 그것이야말로 우리의 참되고 유일한 소망이다.

만일 당신이 받아들여질 만하다고 생각하거나 하나님이 당연히 모든 사람을 누구든 받아들이셔야 하므로 내가 받아들여질 것이라고 생각한다면, 당신은 구원받지 못했다. 그럴 때 우리는 구원의 확신을 가질 수 없다. 우리는 3절을 다시 읽어보고 우리가 누구이며 어떤 존재인가의 진리를 되새길 필요가 있고, 하나님의 자비가 불의를 의미하지 않는다는 것을 알아야 한다. 하나님은 죄를 벌하실 것이다.

우리의 구원은 하나님 아버지의 자비로 시작된다. 이것은 근본적으로 중요하다. 우리를 구원하시라고 예수님이 하나님 아버지를 설득해야 했던 것이 아니다. 예수님이 좋은 분이라서 화난 하나님이 우리를 미워하시는 것을 막은 것이 아니다. 모든 것은 하나님 아버지의 자비와 사랑으로 시작되었다.

:: 아들 하나님의 은혜

"우리 구주 하나님의 자비와 사람 사랑하심이 나타날 때에 우리를 구원하셨다"(4-5절). 하나님의 자비와 사랑은 늘 있었고 하나님의 본질이지만, 그것이 역사 속에 나타난 때가 있었다. 그때는 첫 성탄절이었다.

예수님은 하나님의 나타난 자비와 사랑이시다. 인간은 오랜 세월 동안 하나님의 약속과 선지자들을 통해 하나님의 사랑에 대해 들었다. 그러나 그 첫 성탄절에 하나님의 자비가 소문에 그치지 않고 실현되었고, 약속 이상이 되었다. 현실로 벌어진 것이다. 사람들이 보고 만질 수 있었다. 하나님은 우리를 늘 사랑하셨지만, 성육신으로, 그리고 무엇보다도, 십자가로 하나님의 사랑이 정점에 이르렀고 가장 소중한 아들을 주셔서 그 아들이 인간으로 살고 죄인으로 죽게 하셨다. 하나님의 자비와 사랑이 얼마나 큰가? 구유를 보라. 십자가를 보라. 사랑하는 아들을 주신 하나님을 보라.

바울은 이어서 성령 하나님의 사역과 아들 하나님의 사역이 아버지 하나님의 계획에 따라 이루어졌다고 말한다. 먼저 아들 하나님의 사역에 초점을 맞춰 보자. 우리가 하나님을 무시하고 불순종하기를 선택했을 때, 우리는 하나님의 원수였다. 우리는 심판대에 놓인 반역자가 되었다. 우리의 미래는 정죄와 죽음뿐이었다. 그래서 화목이 이루어지기 전에 하나님이 그 불순종을 다루셔야 했다. 우리의 반역에 대한 형벌이 시행되어야 했다. 사형 선고가 내려져야 했다. 그래서 하나님은 자비와 사랑으로 아들 하나님을 보내셔서 우리 대신 죽게 하셨다.

그 결과 첫째, 우리는 "의롭다 하심을 얻었다"(7절). 의롭다 하심은 법률 용어로서, 옳다고 선고된다는 의미다. 재판이 벌어졌다. 혐의는 우리가 어리석고, 불순종하고, 속았고, 종노릇했고, 악독하고, 투기하고, 미움을 받고, 미워했다는 것이다. 우리의 혐의를 입증하는 증거가 충분해서 유죄 판결이 내려져야 했다. 그러나 그때 하나님의 자비가 임했다. 그 자비는 하나님의 아들로 나타났다. 우리가 받아 마땅한 판결이 아들에게 내려졌다. 그가 우리 대신 죽으시고 우리의 형벌을 당하셨다. 그 결과, 우리가 이제 정죄 판결을 받지 않고 무죄하다는 판결을 받았다. 우리는 의롭다 하심을 받았다.

둘째, 그 결과 우리는 생명을 얻었다. 우리는 의롭다 하심 받아서 "영생의 소망을 따라 상속자가 되었다"(7절). 바울이 디도서 처음에 한 말을 반복한다. 처음에도 구원을 똑같이 "영생의 소망"이라고 했었다(1:2).

3장 7절에서도 바울이 의롭다 하심 받음을 영생의 소망과 연결시킨다. 그 구절은 영어로 "~하도록(so that)"으로 시작한다. 영생은 5절의 성령의 역사의 결과다. 성령이 우리 눈을 여서서 예수님이 구원자이신 것을 알게 하여 우리가 그를 믿게 하신다. 성령이 믿음을 주셔서 예수님이 다 이루신 일을 우리가 믿게 하셔서 우리가 의롭다 하심을 받는다. 그러나 그것이 전부가 아니다. 바울은 의롭다 하심 받는 것이 소망을 갖기 위한 전제 조건이라고 말한다. 오직 "그의 은혜를 힘입어 의롭다 하심을 얻어" "영생의 소망을 따라 상속자가 된다"(7절).

그러므로 의롭다 하심을 받음은 현재에 초점을 맞추며 미래를 내다본다. 우리는 예수님의 부활로 말미암아 현재 의롭다 하심을 받는다. 부활로 말미암아 예수님은 무죄가 입증되셨다. 부활은 예수님의 죽음이 정말로 죄를 사하는 제사였음을 확증해 주었다. 그것은 아버지께서 아들에게 "예"라고 하신 것이었다. 주 예수님이 의롭다 하심 받았다. 우리도 예수님 안에서 의롭다 하심 받는다. 그 결과, 우리는 하나님과 평화를 누린다. 왜냐하면 하나님이 아들을 대하시듯 우리를 대하시기 때문이다.

이제 우리는 상속자다(7절). 상속자는 유산에 대한 권리를 가진 자녀다. 나는 때로 어떤 분들에게 식사와 숙소를 제공받는다. 내가 그들의 아들의 친구이기 때문이다. 그들은 그들의 아들 때문에 나를 받아주었다. 오로지 나와 그들의 아들의 관계 때문에 나는 그들의 식탁에 앉았고, 그들과 함께 시간을 보냈고, 그들의 집에서 잘 수 있었다. 하물며 하나님은 그의 아들로 인해 얼마나 더 우리를 환영해 주시겠는가! 하나님 앞에서 우리의 신분이 바로 여기서, 지금 변화되었다.

그러나 아직 재판이 이루어지지 않았다. 우리는 아직 최후 심판을 기다리고 있다. 우리는 지금 의롭다 하심 받아서 그 날을 고대한다. 그 마지막 날에 들을 무죄 판결을 기대한다. 우리의 소망은 단지 심판날의 무죄 방면 약속이 아니다. 그 날은 또한 하나님이 만물을 새롭게 하시는 날일 것이다.

따라서 우리의 소망은 "영생의 소망"이다(7절). "영생"은 문자적으로 "장차 오는 시대의 삶"이다. 우리는 반드시 새로워진 세상에서 새로운 삶을 살 것을 소망한다. 하나님의 자비로 우리가 어떤 것들을 당하지 않게 구원하셨을 뿐 아니라, 우리가 어떤 것들을 누리게 구원하셨다. 즉 하나님은 우리를 어떤 것으로부터 구원하셨을 뿐 아니라, 어떤 것을 누리도록 구원하셨다. 그냥 두면, 우리의 미래는 영원한 죽음이었다. 그러나 그리스도 안에 이제 영생이 있다.

:: 성부·성자·성령

"이 말이 미쁘도다"(8상반절)가 지칭하는 4-7절 문단은 아버지 하나님의 긍휼로 시작하고 아들 하나님의 은혜로 끝난다. 그 중심에 있는 것은 성령의 새롭게 하심이다. 이제 그것을 살펴보겠다.

우리는 흔히 삼위일체에 대해 얘기할 때, 성부, 성자, 성령의 순서로 말한다. 삼위일체의 세 위격들께서 역사 속에서 그런 순서로 일해 오셨다. 아버지 하나님이 아들을 보내시고, 그 다음에 두 분이 같이 성령을 보내셨다. 아버지 하나님의 주도로 아들 하나님께서 성육신하사 인간의 역사에 들어오셨고, 그 다음에 성령께서 오순절 때 인간의 역사에 들어오셨다. 예수님께서도 우리에게 제자를 삼고 세례를 베풀라고 하시면서 "아버지와 아들과 성령의 이름으로"라고 말씀하심으로써 그 순서를 따르셨다(마 28:19).

그러나 바울은 여기서 하나님의 일을 다른 순서로 제시한다. 디도서 3장 4-5절에서 바울은 아버지의 긍휼로 시작한다. 하나님의 긍휼이 예수님 안에 나타났다(2:11). 그러나 여기서 바울은 아직 예수님의 이름을 말하지 않는다. 그 대신 바울은 3장 5절에서 성령의 역사에 대해 말하고 난 후 6-7절에서 예수님의 역사에 대해 말한다. 순서를 그렇게 바꾼 이유는 무엇일까?

성부, 성자, 성령은 우리가 역사 속에서 보는 순서다. 그러나 아버지, 성령, 아들은 우리 개인이 경험하는 순서다. 예수님이 역사 속에 나타나셨지만, 우리 스스로는 예수님의 은혜를 깨닫지 못한다. 그래서 우리가 하나님을 경험하는 것은 아버지의 주도적 자비로 시작된다. 하나님의 긍휼로 성령을 보내셔서 우리의 멀어있던 눈을 뜨우시고 우리의 죽은 마음을 새롭게 하셔서 예수님을 알아보게 하신다. 그제야 우리는 예수님의 죽음이 하나님의 승리이고 십자가의 수치가 하나님의 영광임을 본다.

:: 성령 하나님이 새롭게 하신다

7절을 보자. 우리가 받아 마땅한 것을 예수님이 받으셨다. 우리가 당해 마땅한 정죄와 죽음을 예수님이 대신 당하셨다. 그 대신에 우리는 예수님이 마땅히 받으셔야할 상급을 받는다.

예수님이 마땅히 받으셔야 할 상급이 우리에게 풍성히 부어졌다. 그것은 무엇인가? 하나님 자신, 성령 하나님이시다. 우리 마음에 하나님께서 아버지로 좌정하시는 것이다. 아버지께서 "우리를 구원하시되 … 오직 그의 긍휼하심을 따라 중생의 씻음과 성령의 새롭게 하심으로 하셨나니 우리 구주 예수 그리스도로 말미암아 우리에게 그 성령을 풍성히 부어 주셨다"(5-6절).

하나님은 아들 하나님이 마땅히 받으셔야 할 분량대로 우리에게 성령을 주신다. 그것이 어느 정도라고 생각하는가? 예수님의 가치가 하나님께 얼마라고 생각하는가? 성령이 "풍성히" 부어졌다. 그것은 물 한 잔 부어진 정도가 아니다. 그것은 쏟아지는 폭포 아래 서 있는 것과 같다.

당신은 삶 속에 성령의 역사를 얼마나 기대하는가? 답은 예수님의 죽음의 가치를 하나님이 어떻게 보신다고 생각하는 지에 달려 있다. 그것은 아들 하나님이 받으셔야 할 상급이다. 아버지 하나님께서 성령을 그의 백성에게 부으셔서 거듭남과 새로워짐을 주신다.

"중생"(重生)(5절)은 '재건'으로 번역된다. 그것은 우리에게 익숙한 단어다. 우리는 도시 재건, 경제 재건, 혹은 동네 재건 에 대해 말한다. 그것은 어떤 개선을 말한다. 막대한 변화일 수 도 있다. 그러나 성경의 중생은 질적으로 다르다. 단지 개선 이 상이다. "중생"이라는 단어가 그 의미를 잘 담고 있다. 우리는 죽었었다. 그 다음에 우리는 다시 태어났다. 우리가 잘못 살다 가 중생 프로그램 후에 더 나아지고 더 잘 살게 된 것이 아니 다. 우리는 죄로 죽었다가 거듭났다. 우리는 완전히 새로운 삶 을 시작했다.

"새롭게 하심, 갱신"도 동일한 파격적 변화를 말한다. "새 롭게 하다, 갱신하다"라는 단어가 "반복하다"를 의미하는 경우 가 많다. 가령 구독을 갱신하면, 이미 받던 것을 계속 받는 것 이다. 그러나 이 새롭게 하심은 단지 시간적으로 새로운 것이 아니라, 본질이 새로워진 것이다.

우리가 "속은 자"였었고 "종노릇한 자"였다는 것을 기억 하라(3절). 우리는 속박되어 하나님께로 돌아가지 못했었다. 우리는 속고 있어서 돌아가기를 원하지도 않았다. 그래서 예수님 안에 하나님의 사랑과 자비가 나타났을 때, 즉 예수님을 믿는 모든 사람을 구원하고 영생의 문을 열려고 예수님이 죽으셨을 때도 우리는 신경 쓰지 않았다. 그냥 두면, 우리는 아무도 돌이키지 않는다. 우리는 속았고 종노릇하고 있었기 때문이다. 하나님이 계셔서 우리를 사랑하시고, 우리를 위해 죽으시고, 우리를 환영하시지만, 우리가 느끼는 것은 악독, 투기, 미움뿐이었다. 중생과 새롭게 하심 없이는 구원이 없다. 우리가 새 마음, 새 소망, 새 사랑을 가진 새사람이 되지 않는 한, 우리는 결코 하나님께로 돌이키지 않는다. 성령이 우리 안에 역사하시지 않는 한, 우리는 하나님과의 영생을 원하지 않고, 하나님께로 가는 문이 열린 것을 보지 못하고, 그 문으로 걸어 들어가지 않는다.

그러므로 중생과 새롭게 하심이 매우 의미심장하다. 아기가 스스로 태어나겠다고 결정할 수 없듯이, 사람이 스스로 거듭나겠다고 결정할 수 없다. 오직 성령과 아버지의 주도적 긍휼만이 새 생명을 주신다. 하나님의 자비와 사랑으로 "우리를 구원하시되 … 중생의 씻음과 성령의 새롭게 하심으로" 하셨다(5절).

바울이 "중생의 씻음"이라고 말한 것이 세례를 말한 것인지에 대해 주석가들의 의견이 갈라진다. 나는 그것이 세례를 암시한다고 생각한다. 왜냐하면 물 세례가 교회 생활에 있어서 매우 의미가 깊기 때문이다. 바울의 말을 읽은 그 당시의 독자들은 바울이 세례에 대해 말하고 있다고 자연히 생각했을 것이다. 그러나 중요한 사실로 짚고 넘어갈 것이 있다. 세례 받을 때가 거듭나는 순간은 아니다. 세례를 받음으로써 그리스도를 따르겠다고 결정해서 그 결과 거듭나는 것이 아니다. 세례는 하나님의 주도로 이미 거듭났음을 경축하고 기억하는 것이다.

어떤 사람이 그리스도인이 될 때 이런 일이 일어난다. 어떤 사람이 말할 수 있다. "나는 성경을 읽었고 성경이 진리라고 결정했으므로 예수님을 믿을 거야." 혹은 "나는 그리스도인들의 삶을 보고 메시지를 들어서 예수님을 따르기로 결정했어." 혹은 "하나님이 나를 위해 하신 모든 일 때문에 나는 하나님을 사랑해서 세례를 받기로 결정했어." 아마 당신도 그 중 하나에 해당할 것이다. 그것은 좋다. 그 모든 말이 맞다. 우리의 개인적, 인간적 관점으로 볼 때 그런 일이 일어난다.

그러나 그 모든 경우에 배후에서 일어나는 일이 있다. 성령이 거듭나게 하신다. 만일 당신이 성경이 진리라고 결정했다면, 그것은 성령이 당신의 눈을 뜨게 해서 예수님을 보게 했기 때문이다. 만일 당신이 예수님을 따르기로 결정했다면, 그것은 성령께서 당신의 마음을 여시고 예수님을 사랑하게 했기 때문이다.

하나님이 어떻게 역사하고 계신지 보이는가? 하나님의

자비와 사랑으로 모든 과정을 제공하셨다. 하나님은 "내가 이모든 것을 너를 위해 했으니 이제 나머지는 너에게 달렸다"라고 하지 않으신다. 그것이 아니라, 하나님은 우리에게 필요한 모든 것을 제공하신다. 심지어 하나님이 필요하다는 인식 자체도 하나님이 주신다! 그래서 1776년에 존 스타커가 이런 찬송가를 지었다.

> 하나님의 긍휼은 나의 노래,
> 내 마음의 기쁨, 내 입술의 자랑.
> 처음부터 끝까지 하나님의 값없이 베푸시는 은혜만으로
> 내가 하나님을 사랑하고 내 영혼이 하나님의 것이 되었네.

:: 온 우주가 새로워진다

하나님의 긍휼과 사랑은 우리가 본 것보다 훨씬 더 크다! 신약에서는 "거듭남"이나 "중생"에 대해 많이 말한다. 그러나 바울이 5절에서 "중생의 씻음"이라고 말할 때 사용하는 단어는 다른 경우에 단 한 번만 사용된다. 그 문자적 의미는 "새로운 시작"이다. 그것이 사용된 다른 곳은 마태복음 19장 28절인데, 거기서 예수님이 말씀하신다. "내가 진실로 너희에게 이르노니 세상이 새롭게 되어 인자가 자기 영광의 보좌에 앉을 때에 나를 따르는 너희도 열두 보좌에 앉아 이스라엘 열두 지파

를 심판하리라."

거기서 예수님은 어떤 사람이 그리스도인이 되는 것에 대해 말씀하시지 않는다. 만물의 새로워짐, 재탄생, 새로 시작함에 대해 말씀하신다. 한 생명이 새로워지는 것이 아니라, 모든 생명이 새로워지는 것에 대해 말씀하신다. 그 초점은 우주적이며, 개인적이지 않다. 새 세상, 새 우주, 새 피조물이다. 바울은 로마서 8장 22절에서도 그런 탄생에 대한 비유를 한다. "피조물이 다 이제까지 함께 탄식하며 함께 고통(산고)을 겪고 있는 것을 우리가 아느니라." 지금 재난, 질병, 죽음으로 피조물이 해산의 고통을 느끼고 있다. 산고는 곧 탄생이 있을 것이라는 징조다! 곧 온 피조물이 "중생, 새로운 시작"을 경험할 것이다.

그렇다면 이것이 바울이 디도서에서 사용하는 단어와 어떻게 맞아들어 가는가? 40년 전 나의 회심이 마지막 때 만물이 새로워지는 것과 어떻게 관련되는가?

답은 그리스도인이 된 사람은 새로운 피조 세계를 맞이할 준비가 되었다는 것이다. 하나님이 아름다운 새 세상을 만들려고 하시는데 그 세상을 "어리석은 자요 순종하지 아니한 자요 속은 자요 여러 가지 정욕과 행락에 종노릇한 자요 악독과 투기를 일삼은 자요 가증스러운 자요 피차 미워한 자"로 채우신다고 상상해 보라(딛 3:3). 엉망일 것이다. 우리가 다시 다 망칠 것이다. 그래서 먼저 하나님은 성령을 통해 우리를 거듭나고 새로워지게 하신다. 사실 하나님께서는 하나님의 사람들을 준비시키시면서 그동안 만물이 새로워지는 것을 지연시키고 계신다(롬 2:4). 거듭난 세계에 살려면 우리가 거듭나야 한다. 바울이 디도서 3장 7절에서 하나님이 우리를 구원하신 것은 "영생의 소망을 따라 상속자가 되게 하려 하심이라"라고 말한다.

즉 당신이 성령으로 거듭나고 새로워짐은 하나님이 만물을 거듭나게 하시고 새롭게 하시는 것의 일부다. 하나님이 당신의 심령 속에 하시는 일은 새로운 피조 세계를 미리 보여 주는 첫 단추다.

이 진리를 잠시 묵상해 볼 가치가 충분히 있다. 당신의 교회나 가정에서 모이는 소그룹에 대해 생각해 보라. 그들이 모인 것을 상상해 보고 상상 속에서 그들을 둘러보라. 하나님의 새 세상, 현재 우리의 세상과 파격적으로 다른 그 세상이 그 사람들 중에 이미 시작되었다. 하나님의 새 세상이 당신의 심령 속에 시작되었다. 성령을 통해 하나님이 이미 당신 안에 거하신다. 성령을 통해 하나님이 이미 당신을 새롭게 하고 계시고, 사랑이 충만한 순결한 마음을 주시고, 기쁨의 삶, 하나님의 영광을 반영하는 삶을 주신다. 그것은 야고보서 말씀과 같다. "그가 그 피조물 중에 우리로 한 첫 열매가 되게 하시려고 자기의 뜻을 따라 진리의 말씀으로 우리를 낳으셨느니라"(약 1:18). 혹은 바울이 로마서에 기록한 것과 같다. "그 바라는 것은 피조물도 썩어짐의 종노릇한 데서 해방되어 하나님의 자녀들의 영광의 자유에 이르는 것이니라"(롬 8:21).

:: 하나님의 자비 측량하기

하나님의 자비와 사랑이 얼마나 큰가? 마지막으로 그것을 측량해 보자!

1. 더 이상 클 수 없이, 가장 큰 것을 주셨다. 하나님 자신을 주셨다. 자비와 사랑으로 아들을 주셨다(딛 3:4). 우리에게 성령을 풍성히 부어 주셨다(6절).

2. 더 이상 클 수 없이, 가장 큰 일을 행하셨다. 모든 것을 하셨다. 우리를 의롭다 하시면서 우리는 아무 값도 치르지 않게 하시고 하나님이 친히 큰 값을 치르셨다(7절). 우리를 새로 태어나게 하시고, 우리를 새롭게 하셨다(5절). 그 모든 과정을 하나님이 제공하셨다. 필요한 모든 것을 그가 하셨고 지금도 하고 계신다.

3. 더 이상 클 수 없이, 가장 큰 약속을 하셨다. 영생과 새로 태어날 세상을 약속하셨다(1:2-3, 3:5-7). 우리를 구원하사 상속자가 되게 하시고, 그리스도가 받으셔야 할 모든 것을 우리가 누리는 확실한 영원을 소망하게 하셨다(7절). 그것이 "영생의 소망"이고 "거짓이 없으신

하나님"이 약속하신 것이다.

누구에게 이 모든 것을 행하시는가? "전에는 어리석은 자요 순종하지 아니한 자요 속은 자요 여러 가지 정욕과 행락에 종노릇한 자요 악독과 투기를 일삼은 자요 가증스러운 자요 피차 미워한 자"였던 우리에게다. 그것은 우리의 의와 상관이 없다. 왜냐하면 우리는 아무 의도 없기 때문이다. 그것은 모두 측량할 수 없는 하나님의 긍휼 때문이다(3:4-5).

우리는 하나님의 놀라운 긍휼에 어떻게 응답해야 하는가? 그것이 디도서 3장 나머지 부분의 주제다. 일단 거기에 대한 네 가지 반응이 있다.

- 확신: 우리의 구원은 하나님이 하신 일에 근거하고, 우리가 한 일에 근거하지 않는다.
- 겸손: 우리의 구원에 우리는 아무 기여도 하지 않았다.
- 찬양: 우리는 아버지, 아들, 성령이 우리를 위해 하신 모든 것에 감사한다.
- 사랑: 하나님이 우리에게 자비하시므로 우리는 하나님을 사랑한다.

이 장을 시작하며 했던 질문을 다시 해 보겠다. 당신은 하나님을 어떻게 생각하는가? 자비와 사랑, 중생과 새롭게 하심을 생각할 것이다. 아버지, 성령, 아들 하나님이 그러하시다. 그래서 우리는 오늘, 그리고 영원히 하나님을 찬양하며 산다.

●

강조할 것과 삶에 적용할 것

딛 3:1-2, 8b-15

이는 하나님을 믿는 자들로
하여금 조심하여 선한 일을
힘쓰게 하려 함이라

3-7절은 받을 자격이 없는 사람들에게 하나님이 베푸시는 자비를 아름답게 요약한다. 아들을 보내시고 성령을 보내셔서 만물의 중생에 우리를 참여시키신 것에 하나님의 자비가 나타난다.

이 아름다운 문단은 디도서 3장 전체의 문맥 속에 있다. 바울이 말한 이 구절들은 아마도 초대교회 당시의 찬송가이거나 신조인 것 같은데, 바울이 그것을 인용한 목적이 있다. 그래서 질문할 것은 복음을 이렇게 아름답게 요약한 것을 가지고 우리가 무엇을 "할" 것인가이다.

이 여러 것에 대하여 굳세게 말하라(이것들을 강조하라).
어떤 것들은 "아름다우며 유익하다"(8절). 어떤 것들은

"무익하고 헛되다"(9절).

그리스도인은 성장하여 그것을 구별할 수 있어야 한다.

아름다우며 유익한 것은 무엇인가? "이 말이 미쁘도다 원하건대 너는 이 여러 것에 대하여 굳세게 말하라 … 이것은 아름다우며 사람들에게 유익하니라"(8절). "이 말"과 "이것"은 바울이 4-7절에서 말한 하나님의 자비, 예수님의 나타나심, 성령으로 말미암는 중생, 은혜로 의롭다 하심 받음, 영생의 소망이다. 모든 사람에게 아름다우며 유익한 복음은 아버지께서 우리에게 긍휼하시고, 아들이 우리를 위해 일하시고, 성령이 우리 안에 임재하신다는 것이다.

우리는 그것에 대해 어떻게 해야 하는가? 8절에서 바울이 말한다. "이 여러 것에 대하여 굳세게 말하라"(이것들을 강조하라). 우리는 복음을 굳세게 말해야 한다. 우리는 복음을 강조해야 한다. 복음에 대해 아무리 많이 말해도 지나치지 않다. 우리는 복음에서 화제를 돌리지 말아야 한다. 복음을 우리 자신의 마음속에서 강조해 말하고 교회 가족에게 강조해 말하는 것이 우리와 그들에게 절실히 필요하다.

무익하고 헛된 것은 무엇인가? "어리석은 변론과 족보 이야기와 분쟁과 율법에 대한 다툼"이다(9절). 바울은 디도에게 그것을 "피하라"고 한다. 강조하고 피하라. 이 두 가지가 8-9절에서 제시하는 두 가지 지침이다. 복음을 강조하고 논쟁을 피하라. 우리는 복음을 강조한다. 그것이 아름답고 유익하기 때문이다. 그리고 우리는 논쟁을 피한다. 무익하고 헛되기 때문이다.

아마도 당신은 이것이 말하기 어렵거나 논란이 분분한 주제라고 생각하지 않을 것이다. 그러나 사실 알고 보면 교회 생활에서 논쟁을 강조하고 복음에 대해 말하기를 회피할 때가 많다. 설교에서는 복음을 강조하더라도 대화에서는 논쟁할 때가 많다. 사람들의 편지나 이메일이 논쟁적이다. 사람들이 제기하는 의견이 논쟁적이다. 우리는 아버지의 자비, 성령이 새롭게 하심, 아들의 은혜, 영생의 소망에 동의한다. 그리고 그것들은 아름답고 유익하다. 그러나 우리는 논쟁, 주장, 언쟁에 에너지를 쓴다. 바울이 그것은 무익하고 헛되다고, 즉 시간과 에너지 낭비라고 말함에도 불구하고 우리는 그렇게 한다.

당신은 교회 업무 회의에서 무엇을 토론하는가? 어떻게 세상에 하나님의 자비를 알릴지 계획하는가, 아니면 무익한 것에 대한 논쟁에 골몰하는가? 당신이 주중에 사람들과 외식을 하거나, 어울려 놀거나, 만날 때 무슨 얘기를 하는가? 기독교 집회에 참석할 때 쉬는 시간에 무슨 얘기를 나누는가? 하나님의 자비에 대해 얘기하는가, 아니면 기독교계의 최신 논란거리에 대해 얘기하는가? 당신은 논란이 큰 주제를 다루는 블로그를 읽길 좋아하는가, 아니면 복음을 강조하는 블로그를 읽기 좋아하는가?

바울은 우리에게 무엇을 말하는가? 어디서나 어느 때나 누구에게나 우리는 "이것들을 강조해야 한다." 즉 복음을 강조해야 한다. 우리는 다른 무엇보다 아버지의 사랑, 아들의 은혜, 성령이 새롭게 하심에 대해 얘기해야 한다. 그리고 분열을 일으키는 것에 대해 얘기하기를 피해야 한다.

히브리서에서 이렇게 말한다. "형제들아 너희는 삼가 혹 너희 중에 누가 믿지 아니하는 악한 마음을 품고 살아 계신 하나님에게서 떨어질까 조심할 것이요 오직 오늘이라 일컫는 동안에 매일 피차 권면하여 너희 중에 누구든지 죄의 유혹으로 완고하게 되지 않도록 하라"(히 3:12-13). 우리는 모두 죄에 속아 마음이 완고해지기 쉽다. 우리 마음은 죄악된 욕망을 정당화하길 잘한다. 따라서 우리는 살아 계신 하나님으로부터 멀어지지 않도록 매일 격려가 필요하다. 우리는 일상 속에서 서로에게 "오직 [복음의] 사랑 안에서 [복음의] 참된 것을 말하는" 공동체가 되어야 한다.

:: 이단에 속한 (분열을 일으키는) 사람을 훈계하라

다음으로 바울은 더욱 강경해진다. 디도서 3장 8절에서는 "굳세게 말하라, 강조하라"라고 하다가 9절에서는 "피하라"라고 하고, 이어서 10-11절에서는 "훈계하라"라고 한다.

개인주의적 문화 속에서는 공동체보다 개인을 가치 있

게 여긴다. 그래서 우리는 자기표현을 큰 가치로 여긴다. 모든 사람이 자기 의견을 표현할 권리가 있다고 우리는 말한다. 그러나 그리스도께서 우리를 위해 죽으신 것은 우리를 하나님과 화목하게 하시고 서로 간에 화목하게 하시려는 것이었다. 에베소서 1장에서 바울은 하나님의 영원한 계획의 절정, 하나님의 뜻과 하나님이 기뻐하시는 선한 것의 성취는 "하늘에 있는 것이나 땅에 있는 것이 다 그리스도 안에서 통일되는" 것이라고 했다(엡 1:10). 에베소서 2장에서는 분열된 인류를 한 새 사람으로 십자가가 연합시켰다고 말한다. 에베소서 3장에서는 보혈로 교회에 연합이 이루어짐을 통해 "하늘에 있는 통치자들과 권세들에게 하나님의 각종 지혜를 알게" 하는 것이 하나님의 뜻이라고 말한다(3:10).

그래서 바울이 4장에서 "평안의 매는 줄로 성령이 하나 되게 하신 것을 힘써 지키라"고 권면하는 것도 당연하다(4:3). 이어서 바울은 화를 풀지 않고 남겨두면 마귀가 틈타므로 그렇게 하지 말라고 한다(4:26-27). 사람들을 세우는 말만 하라고 한다(4:29). 악독, 노함, 비방을 버리고 그 대신 친절, 불쌍히 여김, 용서를 베풀라고 한다(4:31-32).

바울은 교회 안에 연합이 이루어지길 열정적으로 바란다. 그것이 하나님의 영원한 계획이기 때문이다. 그 이유로 그리스도가 죽으셨다. 우리가 연합하여 하나님의 지혜를 나타낼 수 있다. 그렇게 보면, 분열을 일으키는 사람에게 왜 단호해야

하는지 알 수 있다. 하나님의 목적, 십자가의 사역, 사명의 성
공이 거기에 달려 있기 때문이다.

여기 디도서 3장 10절에서 바울은 분열을 일으키는 사람
을 다루는 3단계를 말한다.

　　1단계: 첫 번째 경고
　　2단계: 두 번째 경고
　　3단계: 마지막 제명

이것은 마태복음 18장 15-17절에서 예수님이 말씀하신
절차다. 형제나 자매가 범죄하면, 일 대 일로 만나서 지적해야
한다. 듣지 않으면, 다른 사람을 데리고 가라. 그래도 듣지 않
으면, 문제를 교회에 가져가야 하고, 그러면 교회는 그들을 "이
방인과 세리와 같이" 여겨야 한다.

말다툼을 일으키고 회개하지 않는 사람은 "부패하여 죄
를 짓는다"(딛 3:11). 그들의 우선순위가 복음에서 떠나 있어서
그들의 행동이 부패했다. 그들은 "스스로 정죄한 자"라고 바울
이 말한다. 말다툼을 일으키는 성향이 그들의 죄악된 마음을
드러낸다. 논쟁하기를 좋아하는 것은 그들의 마음이 악독하거
나 교만하다는 것을 드러낸다. 악독하다는 것은 교회를 해치
거나 망치려 한다는 것이다. 교만하다는 것은 자신이 가장 잘
안다고 생각하여 진리의 수호자인 양 행하는 것이다.

때로 우리는 이런 면에 균형을 이루기가 어렵다고 생각할 수 있다. 교회 리더에게 아무 생각 없이 순종하고 싶지 않기 때문이다. 그랬다가는 미성숙한 상태로 머물거나 이용당할 수 있다. 그러나 우리는 순종하기 원한다. 우리는 "인도하는 자들에게 순종하고 복종하는" 교인이 되어야 한다(히 13:17). 그렇다면 어떻게 해야 연합을 이루며 순복하면서도, 함부로 군림하는 리더십을 조장하거나 묵과하지 않을 수 있을까?

디도서 3장에서 상당히 분명히 말한다. 만일 장로들이 복음을 어떤 면에서든 부인하면, 우리는 이의를 제기해야 한다. 만일 그들이 "이것들"을 잘못하면 지적하라. 그러나 다른 면에서는 그들을 신뢰하라. 그들은 하나님이 주신 리더다. 물론 리더들도 실족할 수 있다. 항상 다 잘하는 건 아니다. 그러나 당신이 하면 더 잘할 것이라고 생각하지 말라.

많은 사람들이 무조건 교회 리더를 의심하고 본다. 어떤 사람들은 장로가 하는 모든 일에 의문을 제기하는 것이 자신의 역할이라고 생각하는 것 같다. 그들은 어떤 때는 리더가 좋은 결정을 했다고 판단하고, 어떤 때는 리더가 나쁜 결정을 했다고 불평한다. 요컨대 그들은 자신이 가장 잘 안다고 생각한다. 그들이 전지전능해서 리더가 좋은 결정을 하는지 아닌지 판단해야 하는 것처럼 한다. 그들은 마음속에서 장로보다 높은 권위의 자리에 앉아 있다. 하나님이 교회에 주신 리더 위에 그들이 있는 것 같다. 만일 정말로 그렇다면, 하나님이 주신 리더들 대신에 그들이 교회를 인도해야 할 것이다!

때로 사람들은 모든 사실을 다 알지 못하면서 목사의 목회에 의문을 제기한다. 문제는 때로 리더들은 어떤 일을 왜 했는지 다 설명할 수 없다는 것이다. 사실을 공개해서 어떤 사람들이 수치를 당하게 하거나 그들의 비밀을 누설하면 안 되기 때문이다. 당신도 당신의 문제를 모든 사람에게 말하고 싶지 않을 것이다. 리더는 어떤 상황을 잘못 처리했다는 비난을 자주 듣는다. 상대방이 자신을 그럴듯하게 정당화할 때, 리더도 자신을 변호하려면 모든 사실을 공개해서 상대방을 탓하면 될 것이다. 그러나 그것은 리더가 하지 말아야할 일이다. 그러므로 그런 상황 속에서 기본적으로 리더를 신뢰하라.

불평불만과 수군거림이 있을 때 완충 작용을 하고 통로가 되지 말라. 기차 뒤에 붙은 거대한 완충 장치가 고장 난 기차의 충돌을 막는 것처럼 하라. 질주하는 불평불만과 수군거림을 막아라. 그것을 단호히 끊어내라. 만일 어떤 사람이 리더나 다른 사람에 대해 불평하면, 당사자와 직접 얘기해서 해결하라고 하라.

항상 의문을 제기할 필요는 없다. 그렇게 하는 것은 "부패하여 죄를 짓는" 것이다(3:11). 그 대신에 우리의 시간과 에너지, 그리고 다른 사람들의 시간과 에너지를 사용하여 하나님의 자비와 사랑을 강조해 말하자. 나는 때로 편지나 이메일을 받고 생각한다. "이걸 쓰는 데 왜 이렇게 시간이 오래 걸렸어요? 당신이 그 긴 시간 동안 '유익한' 것을 할 수도 있었을 텐데요. 지친 영혼, 잃어버린 영혼에게 하나님의 자비와 사랑에 대해 말하고, '헛된' 논쟁과 말다툼을 하지 않았을 수 있었을 텐데요."

:: 사역은 경쟁이 아니다

바울이 편지를 마치며 개인들을 언급한 부분을 보면, 바울이 무슨 태도를 권장하는지 볼 수 있다. 바울은 아데마나 두기고를 그레데에 보내 디도를 대신하게 하여 디도가 잠시 바울과 함께 있게 하려고 한다(12절).

그 다음에 13절에서 바울이 말한다. "율법 교사 세나와 및 아볼로를 급히 먼저 보내어 그들로 부족함이 없게 하고." 우리는 세나에 대해서는 아무것도 모르지만, 필시 아볼로는 고린도전서 1장 11-12절, 3장 1-9절에서 바울의 라이벌로 여겨졌던 사람일 것이다. 고린도교회의 어떤 그리스도인들은 아볼로의 사역을 좋아하고, 다른 그리스도인들은 바울의 사역을 좋아했던 것 같다. "어떤 이는 말하되 나는 바울에게라 하고 다른 이는 나는 아볼로에게라 하니"(고전 3:4).

"바울, 당신이 아볼로를 좀 닮았으면 좋겠어요. 바울, 아볼로에게서 좀 배우세요. 우리는 아볼로를 따르고 싶어요"라고 말이다.

바울이 개척한 교회의 그리스도인들이 다른 사람을 바울의 사역보다 높이고 바울의 경쟁자로 봤다. 그런 상황 속에서 바울이 아볼로에게 경쟁심이나 적개심을 갖기 쉬웠을 것이다. 바울이 아볼로를 억누르고 싶었을 수 있다. 최소한 바울 자신의 사역에만 집중하고, 남들이 라이벌이나 모범이라고 보는 사람의 사역에 신경 쓰지 않기가 쉬웠을 것이다.

그러나 바울은 그러지 않았다(필시 아볼로도 그러지 않았을 것이다). 바울과 아볼로는 종일뿐이다. 오직 예수님이 주이시고, 오직 하나님이 교회를 성장시키신다고 바울이 고린도전서 3장에서 말한다. 만일 이 아볼로가 고린도전서와 동일한 아볼로라면, 동료 사역자 간에 경쟁의식이 없다는 것이 여기서 잘 나타난다. 바울이 디도에게 세나와 아볼로를 잘 돌보라고 말했기 때문이다. 여기에 분열이 없다. 오히려 바울은 아볼로가 필요한 모든 것을 갖게 배려해서 하나님의 영광을 위해 계속 복음을 전하게 했다.

:: 선한 일을 힘쓰게 하라

바울이 3-7절에서 복음을 요약한 후 "이 여러 것에 대하여 굳세게 말하라"(이것들을 강조하라)라고 한다(8절). 그러나 우리끼리 복음에 대해 얘기하는 건 최종 목표가 아니다. 우리가 이런 것들을 강조해야 하는 이유는 "하나님을 믿는 자들로 하여금 조심하여 선한 일을 힘쓰게 하려 함이다."

선행에 대한 강조가 3장 처음의 1절에 있다. "너는 그들로 하여금 통치자들과 권세 잡은 자들에게 복종하며 순종하며 모든 선한 일 행하기를 준비하게 하며." 3장 가운데 부분인 8절에서도 강조한다. 그 다음에 3장 끝의 14절에서도 강조한다. "또 우리 사람들도 열매 없는 자가 되지 않게 하기 위하여 필요한 것을 준비하는 좋은 일에 힘 쓰기를 배우게 하라."

사실, 선행에 대한 강조가 디도서 전체에서 이루어진다. "그(예수님)가 우리를 대신하여 자신을 주심은 모든 불법에서 우리를 속량하시고 우리를 깨끗하게 하사 선한 일을 열심히 하는 자기 백성이 되게 하려 하심이라"(2:14). 거짓 교사들은 아무 선한 일도 하지 않는다(1:16). 그러나 디도는 "범사에 [디도] 자신이 선한 일의 본을 보여야" 했다(2:7).

우리는 복음을 강조하여 굳세게 말하고 복음을 살아내야 한다. 우리는 하나님이 우리에게 행하신 선을 강조해 굳세게 말해야 한다. 그럼으로써 우리가 사람들에게 선을 행하게 되어야 한다. 3장 4-7절의 미쁜 말을 쓴 목적은 우리에게 세상에 선교적으로 참여하라고 격려하려는 것이다.

:: 복종하기

바울은 그리스도인이 "통치자들과 권세 잡은 자들에게

복종"해야 한다고 말한다(1절). 그것은 그레데교회에 쉽지 않은 일이었다. 그리스의 역사가 폴리비우스가 말했다.

> 그레데만큼 개인의 행동이 음흉하고 공공정책이 부당한 곳은 없었다.[6]

바울은 수동적인 묵종을 추천하거나 명령하지 않는다. "모든 선한 일을 버리는" 거짓 교사들과 달리(1:16), 복음으로 빚어진 사람들은 "모든 선한 일 행하기를 준비해야" 한다(3:1). 바울과 베드로 두 사람이 다 말하는 바에 따르면, 국가가 수행해야할 임무에는 부정적인 것과 긍정적인 것이 있다. 그것은 악을 벌하고 선을 권장하는 것이다(롬 13:4, 벧전 2:14). 그리스도인도 마찬가지로 이중 임무가 있다. 그것은 복종하는 것과 선을 행하는 것이다. 우리는 우리의 도시를 축복하고 이웃을 섬길 기회를 능동적으로 찾아야 한다.

:: 온유(겸손)와 친절

디도서 3장 2절은 "아무도 비방하지 말라"라는 것으로 시작되어 "온유함을 모든 사람에게 나타내라"라는 것으로 끝난다. "범사에 온유함을 모든 사람에게 나타내라"라는 문자적으로 "모든 사람에게 모든 친절"이다. 즉 이 권면은 각계각층의 모든 사람에 대한 것이다. 이 문단에 두 가지 부정문과 두 가지 긍정문이 있다.

- 비방하지 말라.
- 다투지 말라(평화를 이루라).
- 관용하라(배려하라).
- 온유하라(친절하라).

두 가지 긍정형 덕목(관용과 온유 혹은 배려와 친절)으로 바울이 예수님을 묘사한 것이 고린도후서 10장 1절에 있다. "이제 그리스도의 온유와 관용으로 친히 너희를 권하고." 예수님이 사람들을 대하셨듯이 우리도 사람들을 그렇게 대해야 한다.

지난 장에서 보았듯이, 이것은 주변 세상이 어떻게 하는가와 파격적으로 다르고, 우리가 이전에 어떻게 했었는가와도 파격적으로 다르다. "우리도 전에는 어리석은 자"였기 때문이다(딛 3:3). 우리가 살고 있는 세상의 사람들은 "어리석은 자요 순종하지 아니한 자요 속은 자요 여러 가지 정욕과 행락에 종노릇한 자요 악독과 투기를 일삼은 자요 가증스러운 자요 피차 미워한 자"다. 그래서 우리는 그 세상을 멀리하거나 깔보려는 유혹을 받기 쉽다. 그리스도인은 비신자가 무서울 수 있다. 우리는 같은 그리스도인들과 시간을 보내는 게 훨씬 더 편하다. 그러면서 우리는 바깥의 크고 무서운 세상 속에서 사람들이 하는 경악할 행동에 대해 우리끼리 이야기한다. 그러나 바울은 말한다. "너도 그랬어. 너는 오직 은혜로 구원받았고 오직 은혜가 너를 그렇게 되지 않도록 지켜 주고 있어." 그러니 우리는 거들먹거리거나 우월감을 가질 이유가 없다. 우리도 그랬었다.

당신이 사람들에게 평화롭고, 배려하고, 친절하려고 할 때 돌아오는 것은 세상의 악독, 투기, 미움인 경우가 많다. 그런 일이 일어날 때 어떻게 해야 하는가? 당신이 어땠었는지를 기억하라. 당신이 하나님을 미워했을 때 하나님은 당신에게 어떻게 하셨는가? 거리를 두지 않으셨다. 우리도 그러지 말아야 한다. 하나님은 안전거리를 유지하고 계시지 않으셨다. 나타나셨다. 즉 자비와 긍휼로 세상에 들어오셨다.

우리도 마찬가지로 "나타나야" 한다. 자비와 긍휼로 세상에 참여해야 한다. 그러기 위해 값을 치러야 하더라도 말이다. "나의 순수함을 지키려면 거리를 두어야해. 가족을 지키려면 가족을 세상 밖에 둬야해"라고 하지 말라. 하나님은 그렇게 말씀하지 않으셨다. 만일 하나님이 그러셨다면, 하나님의 아들이 오셔서 우리를 구원하지 않으셨을 것이다. 바울은 "모든 선한 일 행하기를 준비"하라고 했고(1절), "선한 일을 힘쓰라고" 하며 (8, 14절) 세상에 참여하고, 세상을 축복할 길을 찾으라고 격려한다(혹은 강조한다). 비록 세상이 거절하더라도 말이다.

디도서 전체에서 바울은 그리스도인들에게 예수님을 올

바로 드러내며 살라고 한다. 가정에서도 그렇다. 젊은 여자들에 대해서는 "신중하며 순전하며 집안일을 하며 선하며 자기 남편에게 복종하게 하라 이는 하나님의 말씀이 비방을 받지 않게 하려 함이라"고 말한다(2:5). 직장에서도 그렇다. "종들은 자기 상전들에게 범사에 순종하여 기쁘게 하고 거슬러 말하지 말며 훔치지 말고 오히려 모든 참된 신실성을 나타내게 하라 이는 범사에 우리 구주 하나님의 교훈을 빛나게 하려 함이라"(2:9-10).

가정에서나 일터에서나 그리스도를 올바로 나타내며 살아야 한다. 즉 일상생활 속에서 선교를 해야 한다. 특별 행사나 특별 전도도 필요하지만, 선교의 근간은 일상에서 선을 행하는 것이다. 가정에서, 거리에서, 일터에서, 학교에서, 동네에서 말이다. 우리는 서로에게 복음을 굳세게 말하며 강조하고 다른 사람들 앞에서 복음을 살아내야 한다.

그러한 매일의 선교가 이루어지도록 영감을 주고 에너지를 불어넣고 동기를 부여하는 것은 무엇인가? 하나님의 자비와 사랑이다. "너는 이 여러 것에 대하여 굳세게 말하라 이는 하나님을 믿는 자들로 하여금 조심하여 선한 일을 힘쓰게 하려 함이라"(3:8).

:: 선한 삶과 선교적 삶

로이 해터슬리는 영국 노동당의 부 리더를 역임한 바 있으며 공개적 무신론자다(다음 인용문에 그것이 분명히 나타난다). 그런 그가 어느 날 저녁에 구세군의 노숙자 사역에 참여한 경험에 대해 썼다.

> 종교에 대한 설득력 있는 비판이 많다 ….그러나 믿는 사람들이야말로 위험을 감수하고 희생하며 다른 사람들을 돕는다. … 존 웨슬리[18세기의 전도자로서 감리교 창시자]는 선행으로 천국이 보장되지 않는다고 말했다. 그러나 천국의 존재를 믿는 사람들이 선행을 할 확률이 높다. 그 상관관계가 매우 분명하므로 믿음과 선행이 병행한다는 것에 의심의 여지가 없다. … 그리스도인이 아니라도 그리스도인 같은 삶을 살면 좋을 것이다. … 그러나 신비와 기적을 받아들이지 못하는 사람들, 가령 나 같은 사람은 구세군과 함께 밤에 노숙자 사역을 나가지 않는다. 그러므로 믿으면 도덕적 책무를 행하게 된다고 결론을 내리지 않을 수 없다. 모든 신자가 다 그런 건 아니지만, 충분히 많은 신자들이 나 같은 무신론자보다 도덕적으로 우월하다. 우리는 보통의 구세군 목사만큼 존경받을만하지 않다.

디도는 그레데교회를 그와 같이 가르쳐서 "하나님의 말씀이 비방을 받지 않게" 해야 했다(2:5). 우리도 그렇게 살아야 한다. 그러면 로이 해터슬리 같은 사람들이 우리의 논증에 설득 당하지 않더라도 우리의 삶의 증거 앞에 겸허해진다.

나이가 들어서 그런지 몰라도 나는 전보다 더 주변 세상의 위협을 느낀다. 사람들이 냉소적이다. 권위를 불신한다. 법을 지키지 않는다. 억지로 지켜야할 때만 지킨다. 안 지켜도 되는 건 안 지킨다. 다른 사람들을 비판하고 무시하기를 거리끼지 않는다. 서슴없이 논쟁하고, 위협하고, 싸운다. 배려가 없을 때가 많고 이기적이다. 운전할 때 함부로 끼어들고 쓰레기를 버린다. 삶이 살벌하다. 내가 매일 운전해 출퇴근하던 때에 조급하거나 화를 내는 운전자를 목격하지 않는 날이 없었다. 몇 주 전에 우리 교회의 한 교인이 동네 슈퍼마켓에서 쓰러졌다. 그녀는 만삭의 임산부였다. 그러나 그녀가 바닥에 주저앉아 있는 동안 사람들은 그녀를 방치했다. 아무도 와서 도와주지 않았다.

우리는 살벌하고, 이기적이고, 냉랭한 문화 속에 산다. 그런 상황 속에서 디도서 3장 1-2절의 말씀을 다시 들어보자. "너는 그들로 하여금 통치자들과 권세 잡은 자들에게 복종하며 순종하며 모든 선한 일 행하기를 준비하게 하며 아무도 비방하지 말며 다투지 말며 관용하며 범사에 온유함을 모든 사람에게 나타낼 것을 기억하게 하라."

우리 사회의 어느 공동체가 권위에 복종하고, 순종하고, 모든 선한 일 행하기에 준비되었는지 생각해 보라. 아무도 비방하지 않고, 평화롭고, 배려하고, 모든 사람에게 차별 없이 친절을 베푸는 공동체의 모습을 상상해 보라. 그런 공동체는 하나님 우리 구주의 자비와 사랑을 나타낼 것이다. 그러한 공동체는 생명의 말씀을 붙들어 별 같이 빛나고 생명의 말씀을 세상에 나타낼 것이다(빌 2:14-16).

그리스도인들이 그레데에 이룬 공동체가 그러해야 한다고 바울이 디도에게 말한다. 바울은 늘 하던 대로 디도서의 마무리 인사를 하지만 이번에는 특별히 복수로 "너희 무리"라고 마지막 구절에서 말한다(딛 3:15). 그러한 생활을 교회 리더들이 해야 하지만, 그들만이 아니다. 왜냐하면 은혜가 모든 교인에게 임했기 때문이다. 그 공동체의 모든 교인이 별처럼 빛나야 한다. 그리스도의 사람들이 이룬 공동체의 모든 사람도 그래야 한다. 우리가 "좋은 일에 힘쓰기를 배울" 때 우리는 "열매 없는 자가 되지 않을" 것이고(14절), 복음의 삶, 선한 삶, 선교적 삶을 살게 될 것이다.

부록 1

생각해 보기 위한 질문들

Part 1

Chapter 1

1. 하나님이 구원받을 사람을 선택하시고 설득하신다는 것을 알고 나니 더 복음을 전하고 싶어지는가? 누구에게 전하고 싶은가?

2. 복음의 진리를 알게 된 이번 한 주 동안의 당신 삶이 어떻게 달라졌는가?

3. 교회의 누구를 위해 그 사람이 더 경건하게 성장하도록 기도하겠는가?

4. 성경 본문을 통해 전도를 어떻게 다르게 보게 되었는가?

5. 성경 본문을 통해 당신의 회심과 그리스도인으로서의 정체성을 어떻게 다르게 보게 되었는가?

6. 성경 본문을 통해 당신의 교회를 어떻게 달리 보게 되었고 달리 헌신하게 되었는가?

Chapter 2

1. 당신의 교회 리더를 위해 어떻게 기도하겠는가? 당신이 교회 리더라면, 삶에 변화되어야 할 부분이 있는가?

2. 당신이 어떻게 살고 싶은가에 맞추어 믿는 바를 바꾸었던 적이 있는가? 그래서 결국 어떤 일이 생겼는가?

3. 당신은 책망을 받아들일 정도로 겸손한가? 다른 사람들을 책망할 수 있을 정도로 그들을 사랑하는가?

4. 방임 목회나 과도한 목회가 이루어지는 것을 보거나 경험한 적이 있는가? 당신이 교회 리더라면, 어떤 쪽으로 흐르기 쉬운 경향이 있는가?

5. 교회 리더에게 순종하기 어려운 때는 언제이고, 왜 그런가?

6. 당신은 영적인 아버지(혹은 어머니)가 될 필요가 있거나, 영적 아버지(혹은 어머니)를 찾을 필요가 있거나, 혹은 두 가지 다 필요한가?

Chapter 3

1. 분열을 일으키는 가르침의 문제를 얼마나 심각하게 여기는가?

2. 누군가 "우리 교회가 경건한 삶에 대해 분명한 규칙을 제시해 줬으면 좋겠어"라고 한다면, 무엇이라고 말하겠는가?

3. 경건한 삶을 무엇을 하고 무엇을 하지 않는 것으로 생각하려는 유혹을 받는가? 이 장을 읽고서 그런 면에 어떤 도전을 받았는가?

4. 왜 율법주의는 경건을 이루지 못하는가?

5. 당신이나 당신이 사랑하는 사람들이 어떤 것은 항상 나쁘고 어떤 것은 항상 좋다고 생각하기 때문에 균형이 필요한 부분은 어디인가? 거기에 균형이 이루어지면 어떻게 생각하게 될 것인가?

6. 어떤 부분에서 "너는 ~하지 말아야 해"를 멈추고 "너는 ~할 필요가 없어"라고 말해야 할까?

Chapter 4

1. 당신은 어떤 "유형"의 사람인가? 삶을 살펴볼 때, 바울의 말이 당신의 삶에
   어떤 격려와 도전을 주는가?

2. 어떤 부분에 더 절제하기 위해 기도할 필요가 있는가? 그 부분에서 어떻
   게 하는 것이 절제를 잘 하는 것일까?

3. 이번 주에 가정이나 일터에서 어떻게 문화와 다르면서도 호소력을 가져서 하나님의 교훈을 빛나게 할 수 있는가?

4. 만약 당신이 젊다면, 교회의 장로들을 공경하고 있는가? 그것을 어떻게 하고 있는가?

5. 당신이 연장자라면, 젊은이들의 존경을 받기에 합당한가? 당신의 위치를 통해 젊은이들을 돕고 있는가?

6. 제자 양육을 받거나, 누군가를 제자 양육 할 필요가 있는가? 그것을 위해 무엇을 하고 있는가?

Chapter 5

1. 삶에서 가장 좋은 것과, 가장 힘든 것을 생각해 보라. 은혜와 영광 사이에서 살아가고 있다는 사실이 당신의 태도를 어떻게 달라지게 하는가?

2. 디도서 2장 1-10절이 어떤 도전을 주었는지 다시 생각해 보라. 하나님의 은혜와 영광을 묵상하는 것이 어떤 변화를 불러일으키는가?

3. 오늘 누구에게 하나님의 은혜와 장차 임할 영광을 누리라고 격려하겠는가?

4. 오늘 불경건을 어떻게 "거절"하겠는가? 어떻게 복음이 그렇게 하기 위한 엔진이 될 것인가?

5. 어떤 유혹들이 장차 나타날 영광에 비하면 퇴색하는가?

6. 새 소망, 새 사랑, 새 정체성. 이 가운데서 무엇이 지금 당신에게 특히 소중한가?

Chapter 6

1. 성경 본문 묵상으로 오늘 하나님에 대해 생각하고 느끼는 것이 어떻게 달라졌는가?

2. 내적 죄성을 성찰하고 하나님께 고백하는 시간을 가지라. 당신이 누구인지 더 알게 됨으로써 아들 하나님이 오셔서 당신을 위해 하신 일을 어떻게 더 소중히 인식하게 되었는가?

3. 그리스도인이 아닌 사람에게 하나님의 자비를 어떻게 설명하겠는가?

4. "하나님의 긍휼은 나의 노래"라고 했는데 오늘과 내일 그것을 어떻게 삶에 실행하겠는가?

5. 예수님께 부어져야 할 분량만큼의 성령을 하나님이 당신에게 부으셨다. 그것이 당신의 삶과 하나님 아버지를 보는 관점을 어떻게 바꾸었는가?

6. 이번 장에 있는 하나님의 자비에 대한 네 가지 반응을 묵상해 보라. 당신에게는 어느 반응이 가장 자연스러운가? 하나님의 자비를 묵상하면 그 반응이 어떻게 더 강해질 것인가?

Chapter 7

1. 복음에 대하여 논하기보다 논쟁하기가 더 쉬운 편인가? 언제 그런가? 어떻게 하면 그런 상황에 처할 때 복음에 초점을 맞출 수 있을까?

2. 당신은 분열을 얼마나 심각한 문제로 여기는가?

3. 교회 리더들을 판단하려는 유혹을 받은 적이 있는가? 당신은 무엇이 변화되어야 할까?

4. 당신은 어떻게 겸손하고 친절한 삶을 살고 있는가? 어떻게 하면 더욱 더 그럴 수 있을까?

5. 경건한 일을 했더니 악독과 투기만 돌아온 적이 있는가? 본문 말씀을 통해 어떻게 계속하려는 용기를 얻게 되었는가?

6. 복음을 통해 어떤 생산적인 삶을 살려는 동기가 부여되었는가?

부록 2

용어해설

각종(manifold): 많고 다양한. 헬라어 원어의 의미는 "다채로운."

간증(testimony): 예수님에 대한 증거나 주장.

개혁가(Reformer): 15세기와 16세기 초에 믿음으로 의롭다 하심을 전하고 교황과 로마 교회에 대항했던 사람들의 처음 두 세대.

구속, 속량(redemption): 죄인을 구속하고 해방시키는 행위. 바울 시대에는 노예의 주인에게 값을 치러서 노예를 구속할 수 있었다. 예수님이 십자가에 죽어 죄의 형벌을 치르셔서 그리스도인을 죄, 사망, 심판의 종노릇에서 해방하셨다(롬 3:23-25, 엡 1:7 참조).

권면(exhortation): 강한 권유나 격려.

나타내셨으니(manifested): 분명히 밝히다.

동등(parity): 평등.

모함, 모함하는 사람들(slanderers): 다른 사람들에 대해 거짓되고 해로운 비난을 하는 사람들.

묵종(acquiescence): 어떤 일이 일어나는 것에 저항하지 않음으로써 동의하는 것, 물러서는 것.

반율법주의(antinomianism): 그리스도인이 도덕법을 지키지 않아도 된다고 믿는 것.

반항하는(insubordinate): 권위를 가질 권리가 있는 사람에게 반항하거나 불순종하는.

복음(gospel): 발표. 종종 "좋은 소식"으로 번역된다. 로마 황제가 로마 제국 전체에 전령을 보내서 승리나 업적을 선포하게 했을 때 그것을 "복음"이라고 했다. 복음은 믿어야할 좋은 소식이지, 따라야할 좋은 조언이 아니다.

복음 사역(gospel ministry): 복음 사역은 복음을 사람들에게(그리스도인과 불신자 모두에게) 선포하는 일이다.

불신(incredulity): 어떤 것을 믿지 않으려고 하는 것.

선교적(missional): 불신자에게 복음 메시지를 소통하거나 알리는 어떤 것.

성삼위적(trinitarian): 삼위일체의 성경 교리에 관련된 것. 삼위일체는 한 하나님이 세 위격으로 존재하시고, 서로 구별되시고, 각 위격이 온전히 하나님이시며, 같은 "본질"을 가지신다는 것이다. 흔히 그 세 위격을 아버지, 아들, 성령이라 부른다.

성육신(incarnation): 하나님의 아들이 인간 예수 그리스도로 오심.

암시(allusion): 다른 어떤 것에 대한 지칭.

오순절(Pentecost): 유대인의 절기로서 이때 하나님이 그 백성에게 시내 산에서 율법을 주신 것을 경축했다(출 19-31장). 이 절기는 예수님의 부활 후 50일째였고, 그때 성령께서 처음 그리스도인들에게 임하셨다(행 2). 그래서 "오순절"은 그리스도인들이 그 사건을 가리키는 말이 되었다.

위축된다(atrophies): 수척해지다.

은혜(grace): 공로 없이 거저 받는 은총. 성경에서 "은혜"는 하나님이 그 백성을 어떻게 대하시는가를 말할 때 주로 사용된다. 하나님은 은혜가 충만하셔서 신자들에게 영생을 주신다(엡 2:4-8). 또한 은사를 주셔서 하나님의 백성을 섬기게 하신다(엡 4:7, 11-13).

이교도(pagan): 참 하나님을 모르고 예배하지 않는 사람들.

이단(heretic): 성경의 복음에 어긋나는 믿음을 지적을 받아도 고수하는 사람.

이방인(gentiles): 인종적으로 유대인이 아닌 사람.

입증한다(authenticates): 어떤 것이 진짜라고 보여 주다.

정설(orthodoxy): 받아들여지는 표준적 기독교의 가르침.

제명, 파문(excommunication): 어떤 사람을 교회에서 배제하여 교인으로 간주하지 않는 것.

제자(disciples): 예수님을 주로 따르고 구원자로 신뢰하는 사람.

제자 양육(discipling): 사람들이 하나님을 더 잘 알고, 예수님을 더 가까이 따르고, 믿음이 성장하게 돕는 것.

주권(sovereignty): 최고의 권위. 최고 통치자가 됨.

주도(instigation): 어떤 사건을 주도한다는 것은 그 사건을 일으키는 것이다.

주도면밀(intentionality): 고의. 신중.

책망하게(refute): 어떤 말이나 이론이 틀렸다고 증명하다.

카타르시스(catharsis): 억눌린 감정의 분출.

택하신 자들(elect): 하나님이 구원의 믿음을 주시기로 선택하셔서 그리스도 인이 된 사람들.

회개(repentance): 문자적으로는 "뒤로 돌아!"라는 뜻의 군대 용어. 전과 반대 로 살려고 돌이키는 것.

회심(converted): 그리스도인이 되다.

참고문헌

John Calvin, *Commentary on Timothy, Titus, Philemon* (Christian Classics Ethereal Library, 1999)

Gordon D. Fee, *1 and 2 Timothy, Titus in the New International Commentary series* (Hendrickson, 1984)

J. N. D. Kelly, *The Pastoral Epistles in Black's New Testament Commentary series* (Hendrickson, 1960)

George W. Knight III, *The Pastoral Epistles in the The New International Greek Commentary series* (Eerdmans/Paternoster, 1992)

William D. Mounce, *Pastoral Epistles in the Word Biblical Commentary series*, Volume 46 (Thomas Nelson, 2000)

John Stott, *The Message of 1 Timothy and Titus in The Bible Speaks Today series* (IVP, 1996)

주
一

1. Bede, D. H. Farmer , et al., *Ecclesiastical History of the English People*, Book II, Chapter 13, 129-130

2. John Calvin, *Commentary on Timothy, Titus, Philemon* (Christian Classics Ethereal Library, 1999) p. 3.

3. John Stott, *The Message of 1 Timothy and Titus in The Bible Speaks Today series* (IVP, 1996). p. 183

4. John Stott, *The Message of 1 Timothy and Titus in The Bible Speaks Today series* (IVP, 1996) p. 179.

5. Rosie Millard, review of *Half a Wife: The Working Family's Guide to Getting a Life Back*, Guardian.co.uk, 6 January 2012.

6. William D. Mounce, *Pastoral Epistles in the Word Biblical Commentary series*, Volume 46 (Thomas Nelson, 2000), p 444.